LE CHEMIN VERS L'ENFER

LE CHEMIN VERS L'ENFER

David Pawson

Anchor Recordings

Copyright © 2017 David Pawson

The right of David Pawson to be identified as author of this Work has been asserted by him in accordance with the Copyright, Designs and Patents Act 1988.

First published in Great Britain in 2017 by
Anchor Recordings Ltd
DPTT, Synegis House, 21 Crockhamwell Road,
Woodley, Reading RG5 3LE

No part of this publication may be reproduced or transmitted in any form or by any means, electronic or mechanical, including photocopy, recording or any information storage and retrieval system, without prior permission in writing from the publisher.

Sauf indication contraire, les citations bibliques de ce livre sont tirées de la Nouvelle Version Segond Révisée (dite Bible à la Colombe), éd. 1982

Titre original: The Road to Hell
Copyright ©1992 par David Pawson

For more of David Pawson's teaching, including DVDs and CDs, go to www.davidpawson.com

**FOR FREE DOWNLOADS
www.davidpawson.org**

For further information, email info@davidpawsonministry.org

ISBN 978-1-911173-14-4

Printed by Lightning Source

"Spacieuse et facile est la route qui mène là où l'homme sera irrémédiablement perdu. Nombreux, hélas, sont ceux qui s'y engagent."

Jésus de Nazareth (Evangile de Matthieu)

"Nos amis qui désirent ardemment se débarrasser du châtiment éternel devraient cesser de discuter avec Dieu et obéir plutôt à ses commandements tant qu'il est encore temps."

Augustin d'Hippone (La Cité de Dieu)

"Je vis alors qu'il y avait un chemin vers l'Enfer, même depuis les portes du Ciel."

Bunyan de Bedford (Le Voyage du pélerin)

"L'enfer est pavé de bonnes intentions."

Baxter de Kidderminster (cité par Samuel Johnson et Bernard Shaw)

"A chaque fois que je verrai un seul ou mille hommes qui se précipitent vers l'enfer, que ce soit en Angleterre, en Irlande ou en France, oui, que dis-je en Europe, en Asie, en Afrique ou en Amérique, je les arrêterai si je peux; en tant que ministre de Christ, je les supplierai, en son nom, à faire demi-tour et à se réconcilier avec Dieu."

John Wesley (lettre à John Smith)

"Monsieur, si je croyais ce que vous, et l'Eglise de Dieu, dites croire, même si l'Angleterre était jonchée de débris de verre d'une côte à l'autre, je la traverserais, si besoin est sur les mains et mes genoux, et je considérerais que sauver une seule âme d'un enfer éternel comme celui-ci mérite bien d'y laisser ma vie." Attribué à "Charlie" Peace (assassin condamné, lors d'une conversation avec l'aumônier de la prison de Leeds, juste avant sa pendaison).

Le principal danger qui guette le vingtième siècle sera:

une religion sans le Saint-Esprit,
des chrétiens sans Christ,
un pardon sans repentance,
un salut sans régénération,
une politique sans Dieu et
un ciel sans un enfer.

William Booth, fondateur de l'Armée du Salut (à la fin de sa vie)

TABLE DES MATIERES

PREFACE 9
INTRODUCTION 11

1. LE RESTE 21
   Tradition médiévale
   Banalisation moderne

2. LA RETRAITE 29
   Oubli significatif
   Aversion personnelle
   Arguments tenaces
   Solutions de rechange proposées

3. LA RÉALITÉ 45
   Description effrayante
   Dispensation future
   Durée infinie

4. LE RISQUE 71
   Les pécheurs insouciants
   Les saints négligents

5. LE SAUVETAGE 85
   L'affection du Père
   L'expiation du Fils
   L'assistance de l'Esprit
   L'adhésion du croyant

6. LE CONTRAIRE 99
   Le cosmos renouvelé
   La condition des rachetés
   La communauté réconciliée

7. LA PERTINENCE 115
   Evangéliser les incroyants
   Edifier les croyants

ETUDES BIBLIQUES

INTRODUCTION	131
A La peur mortelle (Mt 10.28; Le 12.4-5)	135
B Le festin de noces (Mt 22.1-14; Le 14.15-24)	143
C Le troupeau divisé (Mt 25.31-46)	155
D Les tombes ouvertes (Mt 27.52-53)	167
E L'homme riche (Le 16.19-31)	173
F Le brigand sur la croix (Le 23.39-43)	185
G Le feu de l'épreuve (1 Co 2.10-15; 5.1-12)	191
H La deuxième chance (1 P 3.17-4.6)	199
I Les anges déchus (2 P 2.4-10)	207
J Le jugement dernier (Ap 20.1-15)	213

PRÉFACE

Il y a cinq ans environ, j'ai écrit un petit pense-bête dans mon carnet: "Je dois prêcher davantage sur l'enfer". Je venais de me souvenir de comment, aux jours de ma jeunesse, les prédicateurs avaient régulièrement imprimé en moi l'existence d'un "ciel à gagner et d'un enfer à fuir". Je ressentais aussi quelques alarmes devant l'apparent manque de crainte de Dieu chez de nombreux chrétiens. Il me semblait que nombre de ceux qui s'étaient convertis récemment avaient entendu parler de la compassion de Dieu le Père, mais je me demandais s'ils comprenaient qu'il était aussi leur juge?

Au cours des années qui suivirent, je ne pense pas que l'équilibre ait été beaucoup redressé et, je dois le confesser, je n'ai pas prêté grande attention à la note que je m'étais écrite. Maintenant, mon ami David Pawson est arrivé avec un rappel à la mémoire très aigu.

Beaucoup de ceux qui liront ces pages seront conscients des controverses qui ont vu le jour sur ce sujet ces dernières années. Dans une lettre publiée récemment, quelqu'un a écrit: "[l'enfer] est un sujet contre lequel je dois me battre. Je ne pourrais aimer un Dieu capable de torturer des personnes éternellement." David est, bien sûr, tout à fait conscient de cette controverse et il écrit au chapitre 6: "On peut discuter de l'existence de l'enfer, pour diverses raisons, même parmi les croyants."

David Pawson a déjà écrit sur des sujets controversés,

mais ce livre n'a pas été écrit pour apporter de l'eau au moulin de la controverse, ni pour ajouter une voix dans la discussion. Il a été écrit avec une compassion évidente, un grand respect pour la Parole de Dieu et une sainte jalousie pour le caractère de Dieu.

Je recommande ce livre sans réserve aux personnes qui sont arrivées à des conclusions similaires à celles qui y sont exprimées, mais aussi aux personnes qui sont encore en train de façonner leur point de vue et à celles qui en défendent un différent.

C. Lynn Green
Jeunesse en Mission
Directeur pour l'Europe, le Moyen Orient et l'Afrique

INTRODUCTION

J'ai une fois adressé ma prédication à une assemblée de chiens, composée en grande partie de Labradors. C'était une réunion spéciale sur invitation et chaque chien était venu accompagné d'un ami, un ami aveugle! L'occasion était le rassemblement annuel organisé par l'association Torch Trust pour ceux qui avaient perdu la vue ou n'avaient jamais vu.

En commençant à préparer mon message, je me sentis contraint à choisir le sujet de l'enfer. Quelque chose en moi s'opposait à cette idée; ces chers amis n'avaient-ils pas déjà suffisamment souffert? Ils avaient besoin de réconfort plus que d'un défi, d'empathie plus que d'exhortation. Mais les paroles de Jésus ne cessaient de traverser mes pensées: "Si ton œil droit est pour toi une occasion de chute, arrache-le et jette-le loin de toi. Car il est avantageux pour toi qu'un seul de tes membres périsse et que ton corps entier ne soit pas jeté dans la géhenne" (Mt 5.29; extrait du Sermon sur la Montagne).

Ce fut donc mon texte de message. J'ai dit à mes auditeurs mal voyants que la plupart des tentations venaient aux voyants au travers de ce que le Nouveau Testament appelle "la convoitise des yeux" (1 Jn 2.16). Je leur ai demandé de prier pour moi parce que je pouvais voir.

Une dame âgée était présente, elle n'avait jamais vu et en éprouvait beaucoup d'amertume. Quand j'ai parlé du handicap spirituel de la vue, elle a commencé à ressentir de la pitié pour ceux qui voyaient. Son cœur s'est adouci et ouvert au Seigneur. Ses amis m'ont dit qu'elle avait chanté des louanges dans l'autocar tout le long du chemin de retour; et qu'elle était morte quelques jours plus tard, pleine de la joie de son salut. La première personne qu'elle ait jamais vue a été Jésus.

Ce n'était pas la première fois que j'avais osé m'attaquer à ce sujet terrifiant. Mes archives me disent que j'ai commencé à le faire dans l'Eglise méthodiste d'Addlestone, dans le Surrey, en juillet 1955. Bien qu'élevé dans cette dénomination et formé à l'université de Cambridge pour en devenir pasteur, je ne peux me souvenir d'une seule mention de l'enfer pendant ces années-là, et encore moins d'un enseignement ou d'une discussion sur le sujet pendant mes études de théologie. La connaissance que j'en avais venait de mon étude personnelle de la Bible.

Je suppose que nous portons tous en nous une image évoquée par le mot "enfer" laquelle est généralement associée à une expérience horrifiante de notre passé. Il y en a deux qui me viennent à l'esprit, et qui ont toutes deux eu lieu pendant le temps que j'ai passé à écrire ce livre.

La première eut lieu à Hong Kong. Jackie Pullinger, cette courageuse femme anglaise qui a consacrée sa vie à rendre Christ réel aux drogués de la colonie, m'avait emmené à l'intérieur de la "cité interdite" (le mur qui entourait ce quartier n'existe plus, les Japonais l'ont démoli pendant la seconde guerre mondiale et ont utilisé les gravats pour construire les pistes de l'aéroport actuel dans le port). La seule façon pour moi de la décrire est de dire qu'il s'agit d'une sorte de bidonville où les habitations sont empilées les unes au-dessus des autres sur de nombreux étages. L'intérieur en est sombre, sale et déprimant, mais ce qui lui donne son caractère unique, c'est le fait extraordinaire qu'elle n'est gouvernée par aucune loi, car ce petit coin de terre n'appartient à personne et n'est placé sous aucune autorité.

INTRODUCTION

Souteneurs et prostituées, revendeurs de drogue et drogués, les joueurs et les *Triades* (groupes mafieux chinois de triste réputation), on y trouve tout; ils exercent leurs métiers dégradants et exploitent les faiblesses humaines. Plus tard, après avoir émergé des entrailles de ce lieu sordide pour entrer dans l'accueillante lumière du soleil, j'ai cru revenir d'un voyage en enfer. Pourtant, même en son sein la lumière de l'évangile brillait, dans la seule pièce brillamment éclairée que j'y ai vue, au cœur même de la pile au niveau inférieur, là où Jackie et ses collègues démontrent que Christ peut libérer les captifs. Heureusement, la destruction de la "cité" est prévue (avant que la colonie ne soit rendue à la Chine).

La seconde s'est passée en Pologne, en un lieu dont la mention vous glace le sang: Auschwitz! Les mots sont impropres à décrire mes sentiments alors que je me tenais dans la "salle de douches" hermétiquement fermée, où des milliers de Juifs, de tziganes et d'autres "indésirables" avaient été asphyxiés par le gaz mortel, Zyklon-B. Leurs cheveux avaient été coupés pour garnir des coussins, leurs dents en or extraites et renvoyées à la banque, leurs tatouages soigneusement prélevés pour faire des abat-jour, leur graisse fondue pour fabriquer du savon, leurs restes décharnés enfin brûlés et leurs cendres vendues comme engrais. J'ai dû me rappeler que les hommes responsables d'une aussi incroyable cruauté étaient rentrés chez eux pour aimer leur femme, jouer avec leurs enfants et chanter des chants de Noël! Autrement, j'aurais moi aussi été coupable du même mépris perverti qui traite ceux qui ont été créés à l'image de Dieu comme des sous-hommes qui ne méritent pas de vivre. Une fois encore, je ressortis de cette chambre sans fenêtre et vis le soleil briller dans un ciel sans nuage et j'eus le sentiment de revenir de l'enfer.

Tandis que j'écris, me reviennent les paroles du poète Robert Browning: "Il y a peut-être un ciel, mais il doit sûrement y avoir un enfer". C'est une exigence pour un univers moral. Si cette vie est tout ce qu'il y a, alors l'injustice règne; mais s'il y a une vie après celle-ci et qu'elle comprend une rétribution pour les méchants, alors il devient possible de croire à nouveau que la justice règne et que Dieu est bon.

Dans cette mesure, l'enfer est une bonne nouvelle. Même si, dans ce monde, les méchants passent au travers des conséquences et du châtiment de leurs crimes, ils n'en ont pas fini. Ils recevront ce qu'ils méritent.

Beaucoup de personnes s'accordent à dire que certains ne méritent pas moins que l'enfer. Tueurs de masse, dictateurs cruels, revendeurs de drogue, bourreaux d'enfants: nous avons probablement tous une liste de candidats pour l'étang de feu.

Pourquoi ne nous y incluons-nous jamais? L'enfer, c'est toujours pour les autres! Un récent sondage d'opinion a révélé que les deux tiers des Américains croyaient au ciel et étaient certains d'y aller; et la même proportion affirma également qu'ils connaissaient quelqu'un qui irait assurément en enfer!

C'est peut-être la raison pour laquelle l'enseignement de Jésus sur l'enfer est aussi impopulaire. Il semblait laisser entendre que la grande majorité de la race humaine en prenait le chemin (Mt 7.13) et ce, pour des offenses aussi triviales que de traiter quelqu'un de fou ou de regarder une fille avec convoitise (Mt 5.22, 28).

De telles déclarations nous rendent vulnérables. N'est-ce pas pousser les choses un peu trop loin? La plupart d'entre nous ne sont sûrement pas si mauvais que cela! Pourtant, dans le tréfonds de notre être, est tapi le sentiment désagréable que si Jésus avait raison, nous pourrions tous courir un grave danger.

Il n'est donc guère étonnant que ce soit la plus choquante

INTRODUCTION

et la moins acceptable de toutes les doctrines chrétiennes.

Nous essayons de ne pas y penser, mais nous n'arrivons pas à la chasser. Nous cherchons à la faire disparaître par nos raisonnements, mais elle ne cesse de revenir. Il vaut mieux affronter la vérité, même quand cela fait mal. La tromperie n'apporte aucun vrai réconfort en définitive.

Ce livre n'a pas été facile à écrire. Je l'ai commencé et arrêté un grand nombre de fois. C'est une responsabilité redoutable de savoir que, nous qui enseignons, "nous subirons un jugement plus sévère" (Je 3.1). Quand ma valise, qui contenait l'unique manuscrit, disparut dans un parking d'aéroport à Bologne, en Italie, je me suis demandé si le Seigneur voulait me dire de ne pas le publier. De façon providentielle, et en réponse à mes prières, la police me rapporta le tout intact quelques jours plus tard. Cela m'encouragea à croire qu'il devait être publié.

Mais pourquoi donc écrire un tel livre? Ce n'est guère un moyen de "se faire des amis et d'influencer les gens"! L'esprit de notre époque n'est certainement pas propice à notre sujet. L'existentialiste vit pour ce monde-ci plus que pour celui à venir. L'hédoniste cherche le plaisir et évite la souffrance. Il y a assez de problèmes à traiter dans l'ici et le maintenant, sans ajouter les soucis distants d'un là-bas et demain.

Cependant, le fait de ne pas penser à l'enfer ne l'abolit pas et n'empêche personne d'y aller. Si un tel lieu existe et s'il y a la possibilité qu'un seul être humain y aille, c'est faire preuve d'un amour plein de compassion que de prévenir ceux qui ont des chances d'y aller et de leur indiquer le moyen d'échapper à un tel sort. Mais de qui s'agit-il?

Le sujet central de ce livre sera une surprise, voire un choc, pour beaucoup de chrétiens, parce que c'est à eux qu'il s'adresse tout particulièrement. Il a beaucoup plus de chances d'être lu par des "saints" que par des "pécheurs", de toutes façons. C'est bien ce qui devrait être, pour deux raisons.

Premièrement, l'esprit de ce siècle a maintenant envahi et infesté l'Eglise. Les croyants se préoccupent des besoins temporels (tant à l'intérieur de l'Eglise qu'à l'extérieur dans la société) au point de négliger leur destin éternel.

A ce changement majeur des priorités s'associe une dérive alarmante de la compréhension de l'enfer en tant que tourment sans fin, même chez ceux qui enseignent dans l'Eglise et qui croient à la Bible. L'annihilation est la solution de rechange la plus appréciée actuellement. La question: "Où passerez-vous l'éternité?" va devoir être remplacée par: "Passerez-vous l'éternité quelque part?" Contrecarrer cette tendance croissante a été l'un de mes mobiles majeurs en écrivant.

Deuxièmement, les avertissements de Jésus concernant l'enfer ont rarement été destinés aux pécheurs; ils ont été de temps en temps adressés aux hypocrites religieux (comme les Pharisiens), mais plus souvent l'ont été à ses propres disciples, les douze en particulier. Cette donnée contextuelle semble avoir complètement échappé aux commentateurs, même à ceux qui croient encore à l'enfer, le prêchent et écrivent sur le sujet. Attirer l'attention sur cette évidence est sans doute la contribution spécifique de ce livre au présent débat.

Les implications ont, bien sûr, beaucoup de ramifications, et elles troublent passablement ceux dont la sécurité repose sur le cliché: "Une fois sauvé, toujours sauvé" (expression qui ne se trouve pas dans les Ecritures) et qui pensent que "sauvé" ne signifie rien de plus que "sauf". L'enfer nous rappelle la nécessité de la sainteté aussi bien que celle du pardon. Qui oserait dire que ce message n'a rien à voir avec l'Eglise contemporaine?

Je suis convaincu que la redécouverte de cette vérité

négligée est vitale pour la santé du Corps de Christ et essentielle pour la tâche consistant à achever l'évangélisation des nations (groupes ethniques plus qu'autorités politiques). C'est la raison fondamentale pour laquelle j'ai pris la plume.

Le livre ne sera probablement pas plus facile à lire qu'il ne l'a été à écrire. Les premiers chapitres pourraient être déprimants. L'évangile a toujours été une mauvaise nouvelle (sur la colère de Dieu) avant d'en être une bonne (sur son amour): la lettre de Paul aux Romains en est un bon exemple. Il serait, par conséquent, tout aussi néfaste de sauter la lecture des tons sombres des quatre premiers chapitres que de s'arrêter de lire avant d'atteindre les bonnes nouvelles des cinquième et sixième.

Ces derniers ont été introduits selon la suggestion d'un certain nombre d'amis, dont mon éditeur. Ils pensaient qu'un livre sur l'enfer avait besoin du "soulagement" du ciel. Comme je n'avais pas l'intention de faire de ce livre un traité général sur la vie après la mort, j'étais réticent à élargir son objectif et j'ai tout d'abord envisagé d'ajouter un appendice. Mais le ciel est un sommet, pas un appendice; aussi ai-je incorporé un chapitre dans le texte principal, me servant du ciel comme faisant contraste avec l'enfer ("le contraire"). J'espère que les lecteurs comprendront que le rapport de six chapitres sur l'enfer pour un sur le ciel ne reflète en aucune manière la proportion de mes pensées et de ma prédication, et qu'il ne doit pas non plus leur servir de modèle pour les leurs. Ce n'est que le reflet du fait que l'enfer est une cause de controverse beaucoup plus grande que le ciel, pour des raisons évidentes.

La dernière partie du livre est constituée d'un certain nombre d'études bibliques (comprenant certains passages qui sont soit chaudement débattus soit soigneusement évités). Tout en fournissant des preuves exégétiques à l'appui du texte principal, elles donneront aussi, je l'espère, aux prédicateurs des bases homilétiques possibles à utiliser en chaire.

Que Dieu vous donne la grâce de lire l'ensemble de mon livre. Vous le trouverez peut-être exigeant sur le plan intellectuel, épuisant sur celui émotionnel et troublant sur celui moral; mais persévérez. Dans la lecture, comme dans le salut, la bénédiction attend celui qui "persévérera jusqu'à la fin". Je ne pourrais supporter l'idée que quelqu'un ne lise pas assez loin pour apprendre qu'il n'est nullement nécessaire qu'il se retrouve damné en enfer. Notre merveilleux Seigneur, dans son grand amour et sa miséricorde, a fait tout ce qu'il pouvait pour nous sauver de ce terrible sort. Je prie pour que ce livre vous laisse remplis de gratitude plus que de terreurs, décidés à connaître cet amour parfait qui bannit toute crainte. Shalom!

David Pawson
Sherborne St John, 1992

POSTSCRIPTUM:

Alors que ce manuscrit touchait à sa fin, un livre parut sur le même sujet: *Crucial Questions about Hell* (Questions cruciales concernant l'enfer) de Ajith Fernando, directeur Sri Lankais de Jeunesse pour Christ, édité par Kingsway et préfacé par Jim Packer. Il couvre le même champ et prend la même position que les trois premiers chapitres de mon livre.

J'ai été tenté d'abandonner mes efforts et de laisser le champ libre pour cet excellent livre. Cependant, comme tous les autres ouvrages sur le sujet, il avait oublié de prendre en compte le fait que la plupart des avertissements de Jésus ont été donnés à ses disciples engagés. Une correspondance avec son auteur a révélé que c'était là, comme d'habitude, une omission inconsciente, parce qu'il n'avait pas pris garde au contexte de ces avertissements. Cela dit, il était clair qu'il

INTRODUCTION

aurait interprété cette donnée d'une manière semblable à la mienne, car la réponse qu'il apporta quand j'attirai son attention là-dessus fut: "Dans ma prédication, je mets certainement en garde les croyants contre la possibilité de perdre leur salut éternel par manque d'exercice de la foi persévérante". Je lui sais gré de ses encouragements à aller de l'avant avec mon livre ("Il y a un tel besoin de déclarations évangéliques sur ce sujet que plus il y en aura mieux ce sera, en termes de l'impact général sur la communauté chrétienne") et je recommande fortement son étude à mes lecteurs.

1

LE RESTE

L'article suivant a paru récemment dans des journaux et magazines du monde entier:

Aurait-on ouvert les portes de l'enfer?
Les scientifiques craignent d'avoir ouvert les portes de l'enfer. Une expédition géologique, qui a creusé un trou de 14,4 km de profondeur dans la croûte terrestre, dit avoir entendu des hurlements humains. Des hurlements provenant des âmes damnées ont été entendus sortant du trou le plus profond de la terre. Les scientifiques terrifiés craignent d'avoir libéré les puissances mauvaises de l'enfer en leur offrant un accès à la surface de la terre.

"Les informations que nous rassemblons sont si surprenantes, que nous redoutons sincèrement ce que nous pourrions découvrir tout au fond," a déclaré le docteur Azzacov, directeur du projet de forage d'un puits de 14,4 km de profondeur au cœur de la Sibérie.

Les géologues n'en sont pas encore revenus. Après avoir foré plusieurs kilomètres dans la croûte terrestre, la foreuse se mit tout à coup à tourner sans retenue. "Il n'y a qu'une seule explication, c'est que le centre même de la terre est creux," expliqua le docteur Azzacov surpris. La seconde surprise vient de la température élevée qu'ils découvrirent au centre de la terre. "Les calculs indiquent que la température y était d'environ 1100° C," souligne le docteur Azzacov. "C'est beaucoup plus que ce que nous attendions. On dirait presque qu'un brasier de feu fait rage au centre de la terre."

"La dernière découverte a cependant été plus choquante à nos oreilles, au point que les scientifiques ont peur de poursuivre le projet. Nous avons essayé d'écouter les mouvements terrestres à intervalles réguliers avec des microphones hypersensibles, descendus dans le puits. Ce que nous avons entendu a choqué et profondément ébranlé ces scientifiques à la pensée logique. C'était un son, faible parfois, mais aigu, que nous avons cru d'abord provenir de notre propre équipement, explique le docteur Azzacov. Mais, après quelques réglages, nous avons saisi que le son provenait de l'intérieur de la terre. Nous n'en croyions pas nos oreilles. Nous avons entendu une voix humaine, hurlant de douleur. Bien qu'une seule voix soit distincte, nous pouvions entendre des milliers, voire des millions d'âmes hurlant de douleur, en bruit de fond. Après cette découverte effrayante, la moitié environ des scientifiques a abandonné à cause de la peur. Avec un peu de chance, ce qui est au fond y restera, a ajouté le docteur Azzacov."

L'origine de cette histoire semblerait remonter à un journal finlandais, mais la filière s'arrête là. Pour des raisons qui seront révélées plus loin dans ce livre (l'une étant que l'enfer n'est pas encore habité), le récit est très suspect et appartient probablement au domaine des rumeurs ou canulars. Il suscite cependant deux réflexions opportunes.

La première est qu'une fable de ce genre a plus de chance de provoquer la peur chez les gens d'aujourd'hui que toute prédication sur le "feu de l'enfer". Ceci vient de ce que nos contemporains sont plus impressionnés par les découvertes scientifiques que par les déclarations bibliques. Les chrétiens eux-mêmes peuvent tomber dans le piège de donner des preuves "scientifiques" aux vérités bibliques, plaçant involontairement le siège de l'autorité dans la raison humaine plutôt que dans la révélation divine. Nous avons peut-être besoin de nous rappeler la déclaration réaliste de Jésus sur le scepticisme humain: ceux qui n'acceptent pas les paroles des prophètes ne seront pas non plus convaincus en rencontrant quelqu'un qui revient d'au-delà de la tombe (Lc 16.31).

La seconde réflexion est que l'absence de toute explication du concept "d'enfer" a une signification profonde et frappante. Le reporter tient pour acquis, ce qui est tout à fait exact, que la plupart de ses lecteurs sont déjà familiarisés avec l'idée de myriades d'âmes humaines tourmentées par une chaleur insupportable.

Une telle image est profondément ancrée dans le folklore occidental. Dans l'histoire de l'Eglise, c'est probablement un des cas les plus significatifs de communication efficace.

Tradition médiévale

A l'époque où la majorité des personnes assistant aux offices religieux étaient illéttrées et où la Bible restait un livre clos que seuls étudiaient les érudits en langue latine, les doctrines chrétiennes étaient communiquées de façon visuelle plutôt qu'auditive, à la fois sur un mode dynamique (les rituels) et sur un mode statique (les vitraux, sculptures et peintures). Rares sont les cathédrales médiévales où manque un rappel visuel vivant de la destinée des damnés (la frise sculptée dans la pierre du tympan du portail ouest de la cathédrale de Fribourg, en Suisse, est typique). Des scènes aussi saisissantes laissent une impression indélébile. Quand on pense au lien qui existait entre la peur engendrée par ces scènes et la prétention ecclésiastique au monopole du sacerdoce, on comprend aisément la main-mise sacerdotale sur la société de l'époque.

Le concept médiéval de l'enfer a survécu presque intact, en dépit de la Réforme protestante, mais son mode de transmission a radicalement changé. Au cours des siècles qui suivirent, cette sombre vérité a été transmise *oralement* plus que *visuellement*. On trouve un précédent de cela au quatorzième siècle: *La Divine Comédie* de Dante retraçait la traversée de l'enfer et du purgatoire, pour arriver au paradis. Cette approche poétique refera surface avec *Le Paradis perdu* et *Le Paradis reconquis* de Milton. Cependant, c'est par la prédication plus que par la poésie que sera perpétuée la tradition. Bien des gens ont entendu parler du plus célèbre sermon sur le sujet, bien que peu l'aient lu. Il s'agit du sermon d'un puritain Américain, Jonathan Edwards, intitulé *Des pécheurs entre les mains d'un Dieu courroucé,* qui au dix-huitième siècle stimula un réveil outre-Atlantique et qui a été imité partout, des prédicateurs victoriens aux télévangélistes de notre temps.

Il faut dire que tant les représentations visuelles que les images orales ont fréquemment dépassé la sobriété des Ecrits sacrés. En fait, l'horreur de l'enfer est probablement transmis avec plus d'efficacité par les maigres informations de l'Ecriture que par les descriptions détaillées de certains commentateurs. Il se peut même que certaines de ces tentatives à augmenter son impact aient été contreproductives, faisant tomber tout le sujet dans le discrédit ou même le ridicule. Cependant, une réaction contre un caractère aussi rudimentaire n'est pas la seule raison responsable du manque de sérieux avec lequel l'enfer est considéré dans la pensée contemporaine.

Banalisation moderne

L'enfer reste encore un trait commun de notre univers mental. Cependant, cette accoutumance n'inspire plus la peur, et encore moins la terreur. L'homme moderne l'a accepté, dans les jurons, la comédie et une réinterprétation existentielle. Il est ironique de constater que le mot lui-même est bien plus usité dans la société hors de l'Eglise qu'à l'intérieur de cette dernière. En anglais, c'est l'un des jurons les plus répandus de nos jours. En français, on emploie à la légère des expressions dérivées (comme "il est vraiment infernal" ou "ce maudit...") et la légèreté avec laquelle on évoque même indirectement un concept aussi grave ne fait que le banaliser et en affaiblir la portée.

A l'origine, de tels jurons traduisent une espèce de défi, une démonstration de bravade, mettant la Divinité au défi de frapper quelqu'un se servant de mots saints d'une façon impie (ce qui explique que la plupart des obscénités sont tirées des deux relations les plus "sacrées": celle qui unit l'homme à Dieu et celle qui unit l'homme à la femme).

L'enfer est aussi trivialisé de nos jours par la comédie. Le rire est souvent un mécanisme de défense, en particulier pour se débarrasser de la peur (combien d'acteurs comiques sont mélancoliques dans la vie privée). Depuis les cartes postales coquines des lieux de villégiature jusqu'aux comédies de situation télévisées, les jeux de mots exploitent la connaissance répandue de la foi chrétienne. On retrouve de nombreuses variations sur le thème "climat paradisiaque, société infernale".

Encore une fois, le concept est dégradé. L'appréhension est pour le moins réduite, et souvent tout à fait absente. L'humour se sort de l'intolérable. Respect et ridicule ne peuvent coexister. Le rire parfait bannit la peur.

Une forme plus subtile de rabaissement est liée à notre préoccupation existentielle quant à notre situation actuelle. Le monde à venir est devenu irréel et dépourvu de sens. Ce monde est le seul qui compte réellement. Nous faisons par conséquent notre propre "ciel" ou "enfer" sur cette terre. Il n'y a ni plaisir ni souffrance outre tombe.

Cette attitude a deux implications significatives. L'une est le transfert de la rétribution de la sphère éternelle à la sphère temporelle. Les faits de la vie ont du mal à étayer cette théorie. La Bible est on ne peut plus honnête en ne cachant pas que la vie ici-bas peut être tout à fait injuste, que les innocents souffrent et les coupables prospèrent (voir Ps 73.3-14, par exemple).

L'autre est le transfert du jugement du domaine divin au domaine humain. Ce n'est plus Dieu qui décide de notre destinée - nous la choisissons nous-mêmes. La souveraineté suprême du théisme est remplacée par l'autonomie péremptoire de l'humanisme.

L'enfer n'est plus une punition imposée, mais un choix libre et délibéré, et même un droit à défendre ("Si je veux aller en enfer, qui m'en empêchera?"). Ce n'est plus un verdict de la volonté divine, mais une victoire de la volonté humaine. Et l'homme est même libre de s'enfuir de l'enfer qu'il a lui-même créé: en se suicidant.

Un enfer qui a été trivialisé de l'une de ces trois manière, ou d'autres, ne fera plus naître la peur. Pourtant la nature humaine a horreur du vide, et bien d'autres peurs sont entrées dans la maison vide: peur du SIDA, du nucléaire, du cancer, de la pollution, du licenciement, etc. Fait surprenant, on craint maintenant le *processus* de la mort (qui peut être douloureux et humiliant) davantage que la mort elle-même (dont on sous-entend qu'elle mène à l'oubli, réconfort opportun pour beaucoup, en particulier chez les personnes âgées).

L'instinct de conservation est l'un des plus profonds et primitifs; aucun prix n'est considéré trop grand pour sauver une vie d'une mort prématurée, en particulier dans le contexte de sinistres soudains. Pourtant, notre génération voit d'un œil de plus en plus favorable l'euthanasie, moyen de hâter la mort pour les malades au stade terminal et les personnes âgées amoindries. Cette inconséquence apparente peut s'expliquer quand la mort est vue comme une privation de vie, qui à son tour doit être vue comme méritant d'être vécue.

La véritable peur de la mort elle-même naît de la foi dans la continuation d'une existence consciente au-delà de la tombe, jointe à la croyance que la qualité de cette vie-là est en relation morale et judiciaire directe avec la façon dont nous avons vécu cette vie-ci. C'est l'idée qu'on se fait de la rétribution qui confère à la mort son aiguillon le plus douloureux. Nous nous dérobons devant l'idée d'avoir à rendre des comptes.

Pour une génération passée, la mort faisait entrer les créatures dans la présence de leur Créateur. Leur vie serait examinée et le verdict prononcé. "Il est réservé aux hommes de mourir une seule fois, - après quoi vient le jugement" (Hb 9.27). Dans la Bible les deux événements ont le même degré d'inéluctabilité.

Le fait que les incroyants de ce monde cherchent à fuir ce défi est au fond compréhensible. Une génération qui recherche le plaisir trouve que de telles pensées sont extrêmement désagréables. Mais que les chrétiens, dans l'Eglise, consacrés à défendre la vérité telle que Dieu l'a révélée, deviennent eux aussi évasifs est étonnant. Cela aussi est pourtant une facette de la vie en cette fin de vingtième siècle.

2

LA RETRAITE

Un journaliste qui écrivait au cours des années soixante observait: "Il y a quarante ans nous avons cessé de croire à l'enfer; il y a vingt ans nous avons cessé de croire au ciel." Il n'a pas précisé s'il voulait parler de la société en général ou de l'Eglise en particulier, bien qu'elles s'influencent l'une l'autre. Si le contenu des sermons constituait son indice principal pour parvenir à une telle conclusion, alors sa déclaration avait un degré de précision raisonnable.

Il y avait, et il y a encore, des exceptions. Les fondamentalistes et les évangélistes d'outre Atlantique ont "gardé les feux garnis". Au Royaume Uni, les défenseurs de la théologie réformée (calviniste) ont parlé et écrit sur le sujet de l'enfer avec beaucoup d'esprit de suite.

Il reste vrai, malgré tout, que dans la vaste majorité des Eglises, tant parmi les anciennes dénominations que parmi les nouvelles Eglises indépendantes, l'enfer n'est que rarement, voire jamais, mentionné. Nous sommes devant une bizarrerie: alors que le monde parle trop de l'enfer, l'Eglise n'en parle pas assez! On constate une retraite à grande échelle de cet élément traditionnel de la foi. Cette retraite a coïncidé avec un déclin prolongé du nombre de membre des Eglises (point sur lequel nous reviendrons dans le dernier chapitre).

Cela s'est-il produit par défaut ou de façon délibérée? A-t-on simplement oublié l'enfer ou a-t-il été sciemment laissé de côté?

LE CHEMIN VERS L'ENFER

Oubli significatif

L'Eglise est encore plus consciente de son enseignement traditionnel que ne l'est le monde. La plupart des dénominations gardent des archives claires de leurs déclarations de foi historiques. Le changement a donc été tout à fait délibéré.

Il est possible d'illustrer cela à partir du Méthodisme, qui se prévaut d'être "né dans le chant". Depuis des temps immémoriaux, la doctrine a été transmise par le moyen de la musique. Le frère de John Wesley, Charles, a écrit les paroles de quelques six mille chants au dix-huitième siècle, dont la plupart ont été mis sur des airs populaires de gigue. Ce chant ci-dessous en est un exemple typique:

> L'amour l'a poussé à mourir,
> Et voici ce qui nous soutient:
> Il a aimé, il nous a aimés: nous ne savons pourquoi;
> Mais ce que nous savons,
> Il nous a tant aimés
> Qu'il a donné sa vie
> pour nous racheter de l'enfer.

Les premiers méthodistes savaient qu'ils étaient sauvés de l'enfer, pour qui et par qui. Tournons-nous vers le passage suivant, extrait du Catéchisme Wesleyen ("pour les jeunes enfants"!):

A quoi ressemble l'enfer?
L'enfer est un puits de feu et de soufre sombre et sans fond.
Comment les méchants y seront-ils punis?
Les méchants seront punis en enfer, car leur corps sera tourmenté par le feu et leur âme sera tourmentée par le sentiment de la colère de Dieu.
Quelle sera la durée de ces tourments?
Les tourments de l'enfer dureront au siècle des siècles.

Si un tel enseignement était rendu obligatoire aujourd'hui, il y aurait probablement une démission massive des pasteurs méthodistes!

Dans d'autres "branches" de l'Eglise, on constate une réticence évidente à donner un enseignement régulier sur ce sujet. Les commentaires doivent être provoqués par le défi d'entrer dans une controverse. La plupart des réponses de ce genre sont caractérisées par une "démythologisation" du langage biblique, expliquant les détails descriptifs comme "symboliques" (alors que peu nombreux sont ceux qui définissent la réalité qui se cache derrière les "symboles"). Considérez les contributions suivantes apportées par l'Eglise d'Angleterre.

Dans une interview pour *Sélection du Reader's Digest*, une question fut posée à George Carey, archevêque de Canterbury, pour savoir s'il croyait encore à l'enfer, il répondit: "Oui! L'enfer veut dire séparation; il ne s'agit pas d'un puits de soufre ou de quoi que ce soit du genre, mais d'un lieu de séparation d'avec Dieu pour ceux qui rejettent Dieu de façon délibérée" (on se demande pourquoi Jésus a choisi de parler de "feu", plutôt que de "séparation").

Dans sa revue diocésaine, l'archevêque de York, John Habgood a dit qu'il croyait que l'enfer était "une expérience intérieure" et que les "feux" émanaient d'une mauvaise traduction de la Bible. Il poursuit en disant: "Nous nous sommes bien débarrassés de ces images horrifiantes d'âmes tourmentées et de démons avec leurs fourches, qui ont gâché la vie de tant de nos ancêtres" (remarquez sa façon de caricaturer les paroles de Jésus sur le "feu", en commençant par les embellir de détails superflus avant de les rejeter).

Mêmes les Anglicans évangéliques, qui défendent l'inspiration et l'autorité de la Bible, ont montré de la réticence à exprimer leur point de vue. Ce n'est qu'après des années de silence écrit et oral que John Stott, chef reconnu de ce courant, provoqué par le libéral Anglican bien connu, David Edwards, dans un débat écrit (*Essentials*, chez Hodder and Stoughton), admit qu'il était "annihilationiste" (l'enfer est un état d'oubli; voir plus loin). Ce qui a encouragé bien d'autres à adopter ce point de vue ou à admettre que c'était déjà le leur. En fait, il y a eu une suite d'Anglicans évangéliques enclins à tenir cette position (Guillebaud, Atkinson, Wenham, France, Green), tandis que d'autres (Lucas) ont défendu l'interprétation traditionnelle.

Il est frappant de constater que ceux qui ont embrassé la nouvelle façon de voir ont été très timides pour la prêcher. Pourquoi tant de précaution? Il se pourrait que ceux qui ont des doutes vis-à-vis de l'enseignement traditionnel ne soient pas encore assez certains de leur nouvelle position pour renverser des siècles de conviction chrétienne. Ou peut-être ont-ils peur de risquer leur réputation de "sains" défenseurs de la foi (ce dont ils risquent davantage de souffrir au sein des évangéliques qu'au sein des libéraux).

Ou serait-ce simplement qu'ils ont pris conscience qu'une opinion aussi révisée sur l'enfer le dépouille de toute la peur qu'il inspire et neutralise en fait son potentiel d'influence sur le comportement? En d'autres termes, si l'enfer n'est pas un tourment conscient et continuel, mais seulement un néant, il n'y a en fait plus aucune raison d'en faire un sujet de prédication.

Les évidences penchent vers cette dernière conclusion. L'instruction traditionnelle a été sciemment rejetée. Pour quels motifs? On peut grouper ceux-ci en deux catégories; ceux qui sont personnels et subjectifs et ceux qui sont théologiques et objectifs. Nous les étudierons tour à tour.

Aversion personnelle

L'idée qu'il existe quelque chose appelé enfer déplaît tout simplement à beaucoup de gens. Ils trouvent l'idée à ce point désagréable qu'elle en devient intolérable. Leur rejet est plus intuitif que raisonné.

La raison en est parfois une distorsion des données bibliques, fruit de l'imagination ou de l'enseignement, qui se sont appuyés sur des fantasmes sensationnels, voire sensuels. Il se peut aussi qu'une réaction disproportionnée résulte d'une présentation faussée.

Cependant, de telles exagérations n'expliquent pas toute l'intolérance. Il vaut la peine de chercher la raison pour laquelle tant de personnes éprouvent de la difficulté à regarder l'enfer objectivement.

Il est aujourd'hui habituel de considérer la personnalité humaine comme étant tripartite: cœur, pensée et volonté. Nous nous servirons de ces trois dimensions pour approfondir notre recherche.

Certains ont une réaction *émotionnelle* vis-à-vis de l'enfer. La pensée de quelqu'un endurant un tel tourment, en particulier un être connu et aimé, leur semble trop désagréable à imaginer et, en fait, tout à fait insupportable. Ceux, dont la capacité à compatir est la plus grande, éprouvent sur ce point la plus grande difficulté. Elle s'exprime parfois dans une protestation: "Comment pourrai-je jouir du ciel tout en sachant qu'une personne que je connais est en enfer?" Une telle angoisse est très éloignée de l'hédonisme naïf qui fuit à tout prix ce qui est désagréable, elle doit donc être prise au sérieux. Elle consiste à partager le genre de tristesse que Jésus a ressentie à l'égard de Judas. Pourtant, en dernière analyse, nous devons choisir si notre "solidarité" s'exerce à l'égard du saint Créateur ou de ses créatures pécheresses.

Pour d'autres, la réaction est *intellectuelle*. La pensée moderne, qui s'estime sophistiquée et raffinée, rejette l'enfer en le taxant de barbare et primitif. De telles méthodes pour traiter les membres récalcitrants de la race humaine sont considérées comme étant à la fois grossières et cruelles, à ne pas même aborder dans une société civilisée. Elles appartiennent à une phase dépassée du développement évolutif de la communauté humaine, et c'est faire preuve de maturité que de n'avoir plus besoin de telles sanctions.

La réaction d'autres encore est *morale*. La psychologie et la sociologie ont laissé leurs empreintes. Nous sommes vus comme moins responsables de nos actions. La vie est déterminée pour nous par notre hérédité et notre environnement. Les inadaptés devraient être considérés comme des malades ou des victimes plutôt que des rebelles ou des criminels. La punition ne peut être justifiée que si elle est réformatrice ou dissuasive; le concept de rétribution est démodé. Il ne faut pas faire souffrir le pécheur. Il a besoin d'un hôpital, pas d'un enfer.

Ce qu'impliquent ces réactions est que l'enfer est tout à fait inacceptable pour une société bien adaptée, adulte et intégrée. L'homme "adulte" a rejeté une imagerie aussi infantile. Ces trois réactions sont naturelles et normales.

Cependant, nous sommes toujours devant un problème: nous devons la plupart de nos connaissances sur l'enfer à Jésus lui-même. Jésus n'était certes pas un être humain moyen, mais qui oserait le traiter d'anormal? De façon universelle, il a été acclamé comme sain d'esprit, équilibré, un être parfaitement cohérent. On reconnaît son éthique comme étalon de la moralité. Pourtant, c'est lui, et lui seul, qui nous a mis en garde contre l'enfer.

Se pourrait-il que nous soyons, nous, anormaux? Se pourrait-il que nos réactions révèlent la prédisposition partielle de notre nature déchue? Que les racines de nos objections soient nourries de la connaissance instinctive de notre culpabilité et de l'effroi d'un jugement final qui en découle?

S'il en est ainsi, même nos réserves "objectives" pourraient se révéler des rationalisations voilées. Examinons-les.

Arguments tenaces

Il n'y a rien de nouveau sous le soleil, en particulier dans le domaine des attaques contre la foi chrétienne. Au cours des siècles, certains arguments ont été lancés de façon répétée contre l'enseignement de l'Eglise sur l'enfer, ceux-ci émanant même des rangs de ses propres docteurs.

L'approche est à la fois théologique et logique. En se fondant généralement sur l'un des attributs de Dieu, on tire la déduction que l'enfer est tout simplement incompatible avec ce que Dieu a révélé de lui-même. Trois syllogismes ont dominé cette approche.

L'enfer est considéré comme incompatible avec l'*amour* de Dieu.

A partir de la croyance que l'amour de Dieu est l'attribut qui inclut tous les autres, l'amour est devenu le seul principe absolu de son comportement (et par conséquent du nôtre). Puisque nous n'enverrions personne en enfer, il serait inconcevable qu'un Dieu dont l'amour est infiniment plus grand que le nôtre puisse seulement envisager de faire une chose semblable. L'argument dépend, bien sûr, de notre possession d'une compréhension totale de ce qu'est le véritable "amour", car c'est la condition indispensable pour que nous puissions projeter de tels sentiments sur Dieu. Hélas, notre définition est souvent plus sentimentale que scripturaire (que ferions-nous avec un parent ou un ami proche qui s'avérerait être un tueur psychopathe, qui aurait besoin d'être isolé de façon permanente de la communauté?). Peut-être nous faut-il reconsidérer la nature du véritable amour, avant d'accuser Dieu d'un manque d'amour pour avoir envoyé quelqu'un en enfer.

L'enfer est considéré comme incompatible avec la *justice* de Dieu.

Il appartient à l'essence de notre foi que Dieu est bon et qu'il doit être absolument juste dans tous ses rapports avec nous. "Celui qui juge toute la terre n'agira-t-il pas selon le droit?", tel fut le défi osé qu'Abraham lança au Tout-Puissant (Gn 18.25). Par conséquent la punition devrait correspondre au crime, ou être au moins à un certain degré proportionnelle à celui-ci. Comment quelques années de péché justifieraient-elles une punition éternelle? De plus, agir ainsi ne serait-ce pas manquer de faire la distinction entre "petits" et "gros" péchés? Ne serait-il pas tout à fait injuste que ceux qui sont coupables de légers écarts de conduite souffrent le même destin que ceux qui sont coupables de crimes atroces? Dans ce contexte on pose souvent la question: "Qu'adviendra-t-il de ceux qui n'ont jamais entendu (c-à-d, entendu parler de l'expiation et du pardon en Christ)?". L'humanité tout entière possède une sensibilité à l'injustice, et ce dès l'enfance ("Ce n'est pas juste!"). Assurément, Dieu doit avoir le même point de vue, et même encore plus. Bien sûr, ce raisonnement suppose que nous comprenions la gravité du péché, mais pouvons-nous être objectifs sur ce point, étant donné que le péché est notre expérience commune, mais que la sainteté nous est inconnue?

On prétend que l'enfer est incompatible avec la *puissance* de Dieu.

Si Dieu est omnipotent alors il peut accomplir tout ce qu'il veut: même trouver un moyen de sauver tous les êtres humains. Si des humains sont en définitive (et de façon permanente) envoyés en enfer, alors Dieu a échoué et doit vivre avec cette frustration. L'enfer serait un monument élevé à sa faiblesse, par le fait que ses créatures auraient été capables de lui résister et se sont donc montrées plus fortes que leur Créateur. Certains trouvent une solution à ce dilemme dans leur dogme de la "double prédestination": la volonté souveraine de Dieu a décidé d'avance qui irait au ciel et qui irait en enfer; c'est sa décision, pas celle des créatures (et, puisque tous méritent d'être envoyés en enfer, c'est un acte de miséricorde que de choisir quelques personnes pour le ciel). Cependant, cette théorie crée plus de problèmes qu'elle n'en résout, parce qu'elle protège la puissance de Dieu en introduisant un élément arbitraire qui est contraire à d'autres aspects de son caractère et de ses désirs révélés (1 Tm 2.4, par exemple).

En fait, tous ces raisonnements contiennent le même défaut fatal. Ils exaltent un attribut divin aux dépens des autres; ils mettent l'accent sur une partie au détriment du tout. Or Dieu est une personnalité complète, juste et clément, saint et compatissant, plein de bonté et sévère. Ses attributs se mêlent intimement et se qualifient mutuellement. Pardessus tout, puisqu'il a créé des créatures douées du pouvoir de choisir, il ne les forcera pas à l'aimer et à le servir, ce qui annihilerait son but d'avoir une famille plus grande. En dernière analyse, les êtres humains sont libres de résister à l'Esprit Saint et de rejeter son salut - pour toujours.

La réponse décisive à ces critiques "objectives" est la même que pour les réactions "subjectives": le fait est que c'est Jésus lui-même qui nous a dit ce que nous savons de l'enfer. Sa connaissance unique de Dieu était la compréhension d'un Fils unique de son Père. Il serait audacieux, sinon imprudent, de suggérer que nous cernons mieux que lui l'amour, la justice et la puissance de Dieu.

Pourtant, il n'a pas vu de contradiction entre les attributs et les actes de Dieu. Il a enseigné à ses disciples, "Craignez plutôt celui qui peut faire périr l'âme et le corps dans la géhenne" (Mt 10.28; voir l'Etude Biblique A).

Avant de nous tourner vers les enseignements de Jésus en

détail, il y a encore un aspect de la pensée contemporaine que j'aimerais étudier. La question s'est peut-être déjà posée au lecteur: que proposent ceux qui rejettent le concept traditionnel pour le remplacer par autre chose?

Solutions de rechange proposées

Il y a deux prétendants pour le poste vacant: les "libéraux" optent pour "l'universalisme", tandis que les "évangéliques" optent pour "l'annihilationnisme".

L'*universalisme* est la croyance que tout le monde finira au ciel. Le salut est universel, il est pour tous les membres de la race humaine.

Certains versets de l'Ecriture semblent encourager un tel optimisme. "Moi, quand j'aurai été élevé de la terre, j'attirerai tous les hommes à moi" (Jn 12.32). "Ainsi donc, comme par une seule faute la condamnation s'étend à tous les hommes, de même par un seul acte de justice, la justification qui donne la vie s'étend à tous les hommes" (Rm 5.18). "Car Dieu a enfermé tous les hommes dans la désobéissance, pour faire miséricorde à tous" (Rm 11.32). "Dieu, notre Sauveur, qui veut que tous les hommes soient sauvés et parviennent à la connaissance de la vérité" (1 Tm 2.3-4). "La grâce de Dieu, source de salut pour tous les hommes, a été manifestée" (Tt 2.11). "Il est lui-même victime expiatoire pour nos péchés, non seulement pour les nôtres, mais aussi pour ceux du monde entier" (1 Jn 2.2).

Des prises de position universalistes sont apparues tout au long de l'histoire de l'Eglise, depuis Origène au troisième siècle jusqu'à Barth au vingtième. Elles ont tendance à aller de pair avec la vision grecque de l'homme comme âme immortelle dans un corps mortel. La pensée qu'une telle "âme immortelle" puisse être "perdue" de façon définitive est rejetée avec force. Cependant, il est nécessaire de faire la distinction entre deux variantes de cette façon de voir que l'on pourrait qualifier de "ancienne" et "moderne".

L'ancienne version disait que tous *seront* sauvés, tôt ou tard. Elle implique une "seconde chance" (et une troisième, quatrième, cinquième, etc. si nécessaire) après la mort (ce que le poète Tennyson appelait "la plus grande espérance"). On invoque parfois en renfort de cette position le fait que Jésus ait prêché aux morts (1 P. 3.18-4.6; voir l'Etude Biblique H). En d'autres termes, il n'y a pas de date limite pour la demande de visa pour le ciel.

S'il existe quelque tourment (temporaire), l'enfer est curatif; il est même une sorte d'aiguillon, puisque l'évasion est toujours possible. Les portes de l'enfer peuvent s'ouvrir de l'intérieur. Un choc bref et aigu comme celui-là devrait suffire à persuader tous ses habitants à le quitter! Il faut faire une distinction entre ce programme et le dogme catholique du purgatoire (qui consiste en une punition involontaire et variable des sauvés qui ne sont pas assez sanctifiés pour aller directement au ciel; les pécheurs, pour leur part, allant toujours en enfer).

La version la plus récente de cette approche est que tous sont *déjà* sauvés. Christ a accompli une rédemption cosmique. Le monde n'a pas besoin d'être sauvé, mais seulement éclairé sur son nouveau statut dans cette ère de l'Anno Domini. L'expiation a rendu le jugement caduc. Une telle pensée conduit également aux notions de la paternité universelle de Dieu et de la fraternité universelle des hommes, qui s'accordent toutes deux à merveille avec le "nouvel âge" de l'humanisme.

Le pape Jean-Paul II a semble-t-il épousé cette doctrine: "L'homme – tout homme sans aucune exception – a été racheté par le Christ et... Christ est d'une certaine manière uni avec l'homme, avec chaque homme sans aucune exception, même quand celui-ci n'en est pas conscient" (cité par Stott dans *Essentials,* p. 325, Hodder & Stoughton). La prédication de cet "évangile" déplace l'accent qui était sur l'expiation de Christ pour le placer sur son incarnation.

Alors qu'il peut apparaître que certains versets de la Bible soutiennent ce point de vue, des textes précis et la teneur générale de l'Ecriture indiquent une tout autre direction. Le Nouveau Testament sépare systématiquement la race humaine en deux catégories: celle des bénis et celle des maudits, celle des sauvés et celle des perdus, celle de ceux qui vont au ciel et celle de ceux qui vont en enfer. Cette polarisation est peut-être profondément choquante pour la pensée moderne, mais elle est un composant très net de la doctrine apostolique. Les évangéliques, incapables d'accepter l'universalisme, ont opté pour un autre choix: l'annihilationnisme.

L'*annihilationnisme* est la croyance que seuls les saints survivront et vivront éternellement; les pécheurs quant à eux seront totalement détruits. Le concept hébreu de la résurrection du corps est la contrepartie de la croyance grecque dans l'immortalité de l'âme. L'homme est une âme mortelle qui a besoin, pour vivre éternellement, d'un corps immortel (1 Co 15.53). L'immortalité est un don surnaturel de Dieu et non un bien naturel de l'homme. Les pécheurs ne recevront pas de don. Ils deviendront une espèce disparue. Une fois encore, il existe sur ce thème deux variantes qu'il est nécessaire de noter.

Certains disent que l'extinction coïncide avec la *première* mort. Ceux qui n'ont pas reçu la vie éternelle avant de mourir cessent d'exister quand ils meurent. Le terme technique donné à ce point de vue est "immortalité conditionnelle". Si cette façon de voir est vraie, des millions sont déjà tombés dans l'oubli.

Cependant, ce concept ne rend pas justice aux passages de l'Ecriture qui parlent d'une façon claire d'une résurrection et d'un jugement futurs pour tous les êtres humains, tant justes que méchants. Autrement ce serait une excellente nouvelle pour les pécheurs qui ne veulent pas du salut! S'ils peuvent éviter les conséquences de leur péché jusqu'à la mort, ils en seront définitivement débarrassés.

La plupart des gens, cependant, disent que l'extinction coïncide avec la *seconde* mort. L'esprit ne survit à la mort du corps que pour être réduit à l'oubli après avoir été "ressuscité" au jugement dernier.

Les avis divergent quant à la quantité de souffrance consciente ressentie sur le chemin de l'oubli, que ce soit avant le jour du jugement (dans un état intermédiaire), pendant celui-ci (la honte et la disgrâce d'être déclaré coupable) ou après lui (pendant un laps de temps variable). Certains pensent que l'esprit est inconscient entre la mort et la résurrection ("sommeil de l'âme"), ce qui éliminerait la première des trois possibilités.

Pour tous les coupables, l'enfer serait le lieu de l'incinération plutôt que celui de l'incarcération. Il débouche sur le néant, soit immédiatement soit en dernier ressort. Encore une fois, il est difficile de ne pas sauter à la conclusion que ce serait une bonne nouvelle pour les pécheurs qui ne veulent pas du salut. Il y a "un espoir en enfer" – une fin à ses tourments et, par conséquent, un moyen de leur échapper.

Les éléments pour soutenir cette thèse sont en général tirés du vocabulaire des Ecritures plutôt que d'une quelconque déclaration précise. Des noms comme "feu" et "mort", associés à des verbes comme "périr", "détruire" ou "consumer", pris dans leur sens le plus clair, impliquent assurément l'extinction. Les spécialistes du grec soulignent que le mot "éternel" (*aionios*) signifie davantage "tout le temps" que "sans fin". L'ambiguïté de ces termes sera étudiée dans le chapitre suivant.

Il y a également un argument théologique qui semble à première vue peser lourd dans la balance. Il s'appuie sur trois textes clefs du Nouveau Testament (que nous allons citer dans l'ordre inverse pour montrer plus clairement l'ordre logique de l'argumentation). «... afin qu'au nom de Jésus tout genou fléchisse dans les cieux, sur la terre et sous la terre, et que toute langue confesse que Jésus-Christ est Seigneur, à la gloire de Dieu le Père" (Ph 2.10-11). "Il nous a fait connaître le mystère de sa volonté, le dessein bienveillant qu'il s'était proposé en lui, pour l'exécuter quand les temps seraient accomplis: réunir sous un seul chef, le Christ, tout ce qui est dans les cieux et ce qui est sur la terre" (Ep 1.9-10). "Et lorsque toutes choses lui seront soumises, alors le Fils lui-même sera soumis à celui qui lui a soumis toutes choses, afin que Dieu soit tout en tous" (1 Co 15.28).

A partir de ces versets, on avance que cette inclusion totale et ultime de toutes les créatures dans le royaume de Christ et de son Père exclut la possibilité de la survivance éternelle de quiconque aurait résisté à leur gouvernement. Soit dit en passant, il est curieux de remarquer que les universalistes se servent exactement des mêmes références et argumentations pour arriver à une conclusion très différente. Il faut relever ce défi avec honnêteté: comment est-il possible que toutes choses soient réunies en Christ et que Dieu soit tout en tous, si l'enfer et ses habitants existent toujours?

Deux commentaires semblent s'imposer. Le premier: une lecture soignée des textes en question révèle une omission intéressante dans certains d'entre eux. Tandis que les créatures "sous la terre" reconnaîtront la seigneurie de Christ, elles ne sont pas citées dans la réconciliation de "toutes choses" accomplie par Christ (Col 1.20] ni dans la réunion de "toutes choses" en Christ (Ep 1.10); ces deux dernières choses étant limitées à "ce qui est dans les cieux et ce qui est sur la terre". Le mot "tout" a donc besoin d'être qualifié dans chaque cas par son contexte.

Le deuxième: il est évident que les criminels exclus de

la société par l'emprisonnement sont encore sous l'autorité de leur gouvernement. Certains diraient même que ces personnes sont encore plus sous la juridiction de leur gouvernement que les citoyens libres! De la même façon, l'enfer resterait sous le gouvernement de Dieu – c'est-à-dire, dans la sphère de son autorité universelle (nous verrons que, même après l'établissement des nouveaux cieux et de la nouvelle terre, et le peuplement de la nouvelle Jérusalem, il y aura encore ceux qui sont "dehors" – Ap 22.15).

A nouveau, ces arguments qui semblent logiques ne sont, une fois examinés plus attentivement, ni complètement en accord avec l'Ecriture, ni complètement convaincants pour celui qui cherche. Au point où nous en sommes, il vaudrait mieux expliquer comment nous comptons procéder par la suite.

S'il était juste et nécessaire de tracer les grandes lignes du débat contemporain et d'attirer l'attention sur certaines faiblesses des points de vue divergents, nous avons cependant choisi délibérément de ne répondre à chaque position ni en profondeur ni en détail. Y répondre aurait rendu ces chapitres d'introduction trop longs et aurait probablement laissé le lecteur dans un état de confusion intense. Quoi qu'il en soit, ce livre étant écrit avant tout pour des disciples de Jésus, il est vraiment tout à fait inutile de s'étendre davantage. Pour eux, l'enseignement de Jésus est décisif. S'il s'avère que d'autres théories diffèrent des paroles de Jésus, interprétées correctement, alors ces théories ne peuvent être justes, même si leur logique est impressionnante.

Il semble donc juste d'examiner maintenant l'enseignement de Jésus lui-même. S'il a clairement enseigné que des êtres humains souffriraient un tourment sans fin en enfer, alors les deux solutions de rechange que sont l'universalisme et de l'annihilationnisme sont, ipso facto, écartées comme étant erronées. Alors qu'a-t-il dit?

3

LA RÉALITÉ

Jésus est lui-même la principale, sinon l'unique, source de notre connaissance concernant l'enfer. Sans son enseignement il ne serait presque pas possible d'en fournir une description et encore moins de formuler une doctrine.

Ce fait doit surprendre ceux qui semblent se délecter du découpage des Ecritures, séparant ce que Dieu a uni et créant presque "un canon dans le canon" (c'est-à-dire, utiliser une partie de la Bible comme norme pour juger les autres). Par exemple, nombreux sont ceux qui, depuis l'hérétique Marcion, ont cherché à établir un contraste entre un Dieu vengeur et courroucé de l'Ancien Testament et un Dieu aimant et clément du Nouveau. Même à l'intérieur du Nouveau Testament, certaines personnes ont accusé Paul d'introduire des notions légalistes et judiciaires dans le "simple évangile" d'amour proclamé par Jésus. Toutes ces distinctions s'effondrent en heurtant le rocher de l'enseignement de Jésus concernant l'enfer.

Cependant, certaines tentatives ont été faites pour neutraliser, ou tout au moins atténuer, ses avertissements, parmi lesquelles trois accusations:

Rapport douteux. Le récit de l'évangile est rejeté pour raison d'inexactitude. Les références à l'enfer révèlent peut-être la pensée de l'Eglise primitive mais ne peuvent en aucun cas être attribuées à Jésus.

Conditionnement culturel. Jésus employait des idées contemporaines pour transmettre des principes spirituels.

Par exemple, la "parabole" de l'homme riche et de Lazare s'appuie sur les schémas de pensée des auditeurs de Jésus et ne révèle pas nécessairement ses propres convictions sur ce qui se passe après la vie.

Avertissement existentiel. Jésus utilisait cette menace de l'enfer pour motiver ses auditeurs, tout en étant lui-même parfaitement conscient de ce que la menace ne serait jamais mise à exécution.

Chacune des trois "explications" est porteuse d'une accusation sous-entendue de malhonnêteté. Une telle hypocrisie a en vérité plus de chances de se trouver chez ceux qui exposent ces théories pour masquer le fait qu'elles sont en réalité dues à un profond rejet de l'enseignement de Jésus sur ce sujet. Pourquoi n'avancent-ils pas de telles objections à son enseignement sur l'amour ou sur le ciel?

Avant d'étudier ce qu'il dit concernant l'enfer, nous devrions nous demander si nous lui faisons assez confiance pour croire que ce qu'il dit est la vérité. Il s'est servi de façon répétée de cette expression: "En vérité, en vérité" (en hébreu: "Amen, amen"), soulignant ainsi constamment la véracité de ses propos. Il a souvent soulevé la question de la confiance individuelle en ses paroles: "Si vous ne croyez pas quand je vous ai parlé des choses terrestres, comment croirez-vous quand je vous parlerai des choses célestes?" (Jn 3.12). Quand il parlait de l'avenir, il a promis à ses disciples qu'il ne les laisserait pas avec une fausse impression: "Sinon, je vous l'aurais dit" (Jn 14.2). Il poursuivit en proclamant qu'il n'avait pas seulement dit la vérité, mais qu'il était aussi "la vérité" (Jn 14.6). Si nous ne parvenons pas à croire les avertissements d'un tel homme concernant l'enfer, pouvons-nous croire ce qu'il dit sur un quelconque autre sujet? Puisque l'enfer ne fait pas partie de ce monde, ni dans le temps ni dans l'espace, nous n'avons aucun autre moyen de découvrir quoi que ce soit à son sujet en dehors de la révélation donnée par Dieu. Jésus a prétendu apporter cette révélation et ne rien dire que Dieu ne lui ait dit (Jn 8.28). Ceci ne peut être que la vérité ou un mensonge. Chaque lecteur devra prendre une décision sur ce point, de préférence avant de poursuivre sa lecture.

Cette question fondamentale résolue, nous pouvons étudier les paroles du Christ qui nous sont rapportées. La plupart des références à l'enfer se trouvent dans les quatre évangiles – dans les trois "synoptiques" plus que dans celui de Jean, et dans celui de Matthieu plus que dans ceux de Marc ou de Luc (la signification vitale de cette répartition inégale apparaîtra au chapitre 4).

Il y a cependant quelques déclarations cruciales dans le dernier livre de la Bible, l'Apocalypse. Ce dernier contient également les paroles de Jésus, mais cette fois-ci il s'agit de ce qu'il a dit après son ascension.

Ainsi presque toutes nos informations concernant l'enfer proviennent de la bouche de celui dont la connaissance du Père était celle d'un Fils unique. Prétendre qu'un Dieu d'amour n'enverrait jamais qui que ce soit en enfer, c'est revendiquer mieux connaître son caractère que Jésus lui-même!

En fait, Jésus ne croyait pas que son Père enverrait quelqu'un en enfer. Il affirma que lui-même, le Fils de l'homme, serait le juge qui délivrerait la sentence (Mt 25.41; voir Ac 17.31). De plus, le facteur décisif pour arriver au verdict serait l'attitude des défendeurs envers Jésus lui-même, telle qu'elle se révélerait dans leur comportement avec ses "frères" (voir l'Etude Biblique C).

Il est temps de regarder de près la description qu'il fait de l'enfer. Nous considérerons tout d'abord l'environnement extérieur, puis l'expérience intérieure – à quoi il ressemble; enfin nous verrons à quoi il ressemblera pour les personnes qui y seront.

Description effrayante

Jésus était un excellent enseignant. Il employait des métaphores et des analogies, partant du connu comme une "image" de l'inconnu. Un tel langage imagé rend la vérité vivante et réelle, permettant aux auditeurs de mieux "voir" la vérité.

Les esprits sophistiqués préfèrent l'abstrait au concret et méprisent les simples analogies, les rejetant comme de "vulgaires" symboles. Ils doivent entendre la réprimande suivante, extraite d'un livre néerlandais sur notre sujet (*Wat is de Hel?* de Schilder, p.40): "Que personne ne dise que ce n'est que symbolique et par conséquent pas aussi terrible. Par une banale inversion on pourrait dire: si le symbole, la simple image, est déjà terrifiante, que dire de l'original (de la réalité)!"

Quelle "image" Jésus donne-t-il donc de l'enfer? La réponse se trouve dans le nom qu'il lui a donné en général, la Géhenne, ce qui signifie "la vallée de Hinnom".

Il s'agit d'un lieu géographique existant, une gorge profonde au sud et à l'ouest de Jérusalem. De ce lieu on peut voir la ville, mais il est en majeure partie invisible depuis cette même ville. Peu de touristes le visitent ou sont même conscients de son existence.

La vallée a une histoire sinistre. A une certaine époque d'infidélités idolâtres d'Israël elle était devenue le centre du culte à Moloch, divinité ammonite exigeant le sacrifice d'enfants vivants dans d'infâmes orgies. Jérémie prophétisa: "C'est pourquoi voici les jours viennent – Oracle de l'Eternel – où ce lieu ne sera plus appelé Topheth et vallée de Ben-Hinnom, mais: Vallée du Carnage" (Jr 19.6).

C'est en partie pour cette raison et en partie parce que cet endroit est bien situé et profond que la vallée est devenue la décharge à ordures de la ville. La porte méridionale de la ville qui fait face à la vallée est aujourd'hui encore appelée la "Porte du Fumier", ce qui dit bien ce que cela veut dire. Tous les égouts et toutes les immondices d'une grande ville étaient "jetés dans" (remarquez ce terme) la Géhenne.

Le tas d'immondices était maintenu à niveau de deux façons: l'incinération par le feu pour ce qui était combustible et l'ingestion par les vers pour ce qui était dégradable. D'abruptes falaises emprisonnaient la chaleur et l'odeur (le point le plus bas était si profond que le soleil ne l'atteignait pas).

Je m'y suis rendu en 1961, alors qu'il était encore utilisé comme dépôt d'ordures. C'était une vue lugubre, sale et répugnante, qui m'a laissé profondément déprimé. Depuis lors, le site tout entier a été dégagé, nettoyé et aménagé en parc, où les amoureux se promènent et l'amour fleurit! Tragédie exégétique, mais triomphe écologique!

A l'époque de Jésus il avait aussi une connotation criminelle. Les corps des criminels crucifiés étaient "jetés dans" la Géhenne (la disgrâce ultime pour les Juifs était de rester sans sépulture). C'est ce qui serait arrivé à Jésus lui-même si Joseph d'Arimathée n'était pas venu à la rescousse en offrant son tombeau personnel. Comble de l'ironie, c'est là que l'un des douze apôtres se suicida en se pendant. La corde se rompit et Judas Iscariot s'écrasa au fond de la vallée, répandant ses entrailles sur ce qui fut appelé plus tard le "Champ du sang". Pierre résuma fort bien cet épisode en disant que Judas "nous a quitté pour aller à la place qui est la sienne" (Ac 1.25).

Jésus aurait pu difficilement trouver meilleure analogie. Il explique que des êtres humains, créés à l'image de Dieu et pour son service, peuvent "périr" au point qu'ils ne peuvent remplir le but pour lequel ils ont été créés. Ce qui ne sert pas est rejeté. L'enfer est le dépôt d'ordures pour les vies gâchées. Telle est la tragique destinée des "perdus". Mais à quoi cela ressemblera-t-il pour ceux qui connaîtront cette terrible fin? Jésus a-t-il parlé des sentiments éprouvés par les personnes qui y seront aussi bien que des faits concernant ce lieu? Contrairement aux prédicateurs qui ont misé sur une description "haute en couleur" de l'enfer, Jésus ne s'est pas appesanti sur les détails atroces et n'a pas non plus "suspendu ses auditeurs au-dessus du gouffre". Cependant, ses quelques commentaires transmettent l'horreur encore plus efficacement. A propos de la "vie" en enfer, il conviendrait mieux de parler d'une mort vivante. La perdition possède cinq dimensions, citées ci-dessous.

C'est un lieu *d'inconfort physique.* Nous ne devons pas oublier que l'enfer est un lieu réel pour des personnes ayant des corps réels (ce fait sera explicité plus loin dans ce chapitre). La haute température et la soif qui en résultera peuvent donc être prises au sérieux, tout comme l'odeur infecte (le soufre, ou sulfure, est l'élément de base de beaucoup de mauvaises odeurs, en particulier celles associées à la pourriture et la putréfaction). L'aspect "physique" le plus terrifiant est peut-être la condition d'obscurité absolue, au point que les voyants seront pratiquement aveugles.

C'est un lieu de *dépression mentale.* L'une des expressions les plus fréquemment utilisées par Jésus était: "pleurs et grincements de dents". Cette expression associe deux émotions très différentes: le chagrin et la colère. Cependant, elles fusionnent dans la frustration. Savoir ce qui aurait pu être et qui ne sera jamais plus produit exactement l'état que décrit Jésus, une angoisse associant tristesse et ressentiment, qui sont deux sentiments égoïstes. Soit dit en passant, tout cela implique clairement une permanence de la mémoire.

C'est un lieu de *dépravation morale.* On se berce de l'illusion que certains êtres humains sont pires que les autres: pervers bestiaux ou criminels endurcis. Jetons bas les masques, écartons la main restrictive de Dieu et nous serons tous mis à nu, laissant paraître ce que nous sommes

LA RÉALITÉ

réellement. Paul nous donne un bref aperçu de ce qui arrive quand des hommes abandonnent Dieu et qu'il répond en les abandonnant à son tour; les faiblesses cachées sont étalées ouvertement (Rm 1.24-32). L'enfer portera ce processus à son achèvement. Etre séparé de Dieu, c'est être séparé de la bonté, dont la source unique est en lui.

C'est un lieu de *désolation sociale*. L'existentialiste Sartre a dit: "l'enfer, c'est les autres". Mais devoir vivre éternellement avec son propre ego égoïste est bien pire. L'enfer sera peut-être surpeuplé, mais il est possible d'être désespérément seul dans une foule, en particulier quand il y a une absence totale d'amour, de compassion et de bienveillance. L'homme riche de Luc 16 (voir Etude Biblique E) semble seul dans son agonie, sans personne près de lui à qui demander aide ou secours. Jésus décrit l'enfer comme une mise à la porte d'une réception (Lc 13.28-30).

C'est un lieu de *mort spirituelle*. L'enfer est appelé "seconde mort". Comme la mort est une séparation, l'enfer est une séparation d'avec Dieu. L'enfer c'est "dehors"; il n'y aura là aucune adoration, car il n'y aura pas de Dieu à adorer. La prière y sera vaine également. Quand tout contact avec le divin est perdu, alors l'humain aussi disparaît. L'image de Dieu dans l'homme étant complètement effacée, la désintégration de la personne s'ensuivra inévitablement.

L'absence de Dieu est égalée en horreur par la présence de Satan, source de tout mal. Des milliers de ses "anges" (depuis leur rébellion contre le ciel, ils sont connus sous le nom de "démons") viendront gonfler l'effectif, souillant l'atmosphère de leurs pensées, de leurs paroles et de leurs actes infâmes. L'absence de toute vertu sera comblée par la présence de tout vice. Il n'est pas étonnant que Jésus se soit adressé à ceux qui sont condamnés à une telle compagnie en les appelant: "maudits" (Mt 25.41).

Que ce soit dans les évangiles ou dans l'Apocalypse, le

mot "tourment" (*basanismos* et les mots apparentés) revient très fréquemment. De la même famille que "torture", il veut dire une souffrance consciente, physique ou morale.

Il est presque impossible d'imaginer la *profondeur* d'un tel tourment, mais la question de sa *durée* revient souvent. Combien de temps durera cette agonie? Avant de répondre à cette question, nous répondrons à une autre: quand commencera-t-elle?

Dispensation future

On rencontre deux mythes habituels concernant l'enfer. L'un est que ce lieu existe déjà, l'autre est qu'il est déjà peuplé. Ces deux mythes ont nourri l'idée que les êtres humains vont en enfer (ou au ciel) quand ils meurent.

Tout comme le ciel, l'enfer est en cours de préparation (comparer Jn 14.2 et Mt 25.41). Ni l'enfer ni le ciel ne faisaient partie de la création d'origine. Tous deux sont en cours de préparation pour un usage futur, après le Jour du Jugement, qui n'a pas encore eu lieu.

Il s'ensuit que, quel que soit le degré d'avancement de la préparation, l'enfer n'est pas encore habité (raison pour laquelle l'histoire rapportée au début du chapitre 1 ne paraît pas plausible). Deux questions viennent immédiatement à l'esprit.

La première est: où se trouvent, à l'heure actuelle, le diable et ses anges démoniaques? La Bible les situe sur la terre et autour d'elle (le prince de la puissance de l'air se promène sur notre planète – Jb 1.7 ; Ep 2.2) et dans les "lieux célestes" (où nous les rencontrons quand nous prions - Ep 6.12). Quelques-uns d'entre eux sont déjà enchaînés dans de profonds cachots où ils attendent le jugement dernier (2 P 2.4; Jude 6). C'est seulement à la fin de l'Histoire que le premier d'entre eux sera jeté dans l'"étang de feu" (Ap 20.10).

La deuxième est: où se trouvent toutes les personnes

décédées? "Il est réservé aux hommes de mourir une seule fois – après quoi vient le jugement" (Hb 9.27) – mais qu'advient-il entre le premier événement (un jour différent pour chacun de nous) et l'autre (la même date pour tous)?

Pour saisir la révélation biblique concernant l'avenir, il est nécessaire de comprendre que l'existence humaine comporte trois phases:

1. un esprit incarné – de la naissance à la mort;
2. un esprit désincarné – de la mort à la résurrection;
3. un esprit incarné – de la résurrection à l'éternité.

Les questions spatiales commençant par "Où...?" ne s'appliquent qu'aux phases un et trois, dans lesquelles le corps localise l'esprit.

Le ciel et l'enfer sont deux lieux conçus pour des esprits incarnés et appartiennent à la phase trois. Pour l'heure, ils constituent une dispensation future, encore inconnue de quiconque. Nous devons donc faire la distinction entre "l'état intermédiaire" et l'état final de la vie humaine.

Les esprits désincarnés dans le séjour des morts

La mort sépare corps et esprit. Le corps retourne à son origine terrestre (par une rapide crémation ou une lente corruption) et l'esprit retourne à son origine céleste (Ec 12.7).

Une chose est tout à fait claire: la mort n'est pour personne la fin de l'existence consciente. Les esprits désincarnés survivent à la crise. Le corps de Monsieur Dupont moisit peut-être dans la tombe, mais son "âme" continue le combat.

L'Ancien Testament ne donne guère d'information sur ce qui suit. Le mort "se couche avec ses pères". Son adresse est *schéol* (mot hébreu, traduit en grec par *hadès),* qui est un mot neutre pour la demeure des disparus, ne sous- entendant ni plaisir ni souffrance. On l'a décrit comme la salle d'attente d'une gare à minuit, quand aucun train n'est attendu avant le matin! Il n'y a là que peu d'attente d'une quelconque conscience ou communication, si même il y en a.

Cependant, il y a de claires allusions à une existence qui se poursuit. Bien que la communication avec les morts soit interdite, le fait même de l'interdiction semble impliquer la possibilité d'une telle communication. Saül requit les services d'une magicienne pour entrer en contact avec Samuel après la mort de ce dernier; l'apparition qui se manifesta semble avoir été véritable et pas un esprit "familier" (imitateur). Job nourrissait l'espoir d'une rencontre au-delà de la tombe (Jb 19.26). Le psalmiste s'attend à être ensuite reçu dans la gloire ("puis" – Ps 73.24).

Le Nouveau Testament transforme des allusions fascinantes en des certitudes absolues. Jésus affirme que son père *est* (pas était) le Dieu d'Abraham, d'Isaac et de Jacob, donc que ces trois personnes sont encore "vivantes", et qu'Abraham s'est réjoui de voir l'avènement de Jésus. Sur la montagne de la Transfiguration, Jésus s'entretient avec Moïse et Elie (parlant de l'"exode" qu'il allait accomplir à Jérusalem – Le 9.31). Dieu n'est pas le Dieu des morts, mais des vivants (Le 20.38).

L'expression "s'endormir" est encore employée, mais elle décrit clairement aujourd'hui le moment physique de la mort plutôt qu'un état spirituel après la mort. L'esprit peut être rappelé dans le corps vide – comme ce fut le cas de la fille de Jaïrus, du fils de la veuve de Naïn (à deux pas de Shunem, où Elisée avait ressuscité le fils de la veuve) et, par-dessus tout, de Lazare de Béthanie (après que le corps ait commencé à se décomposer).

Dans la "parabole" de Lazare et de l'homme riche, ce dernier est conscient et communique dans "l'Hadès" (voir l'Etude Biblique E). Jésus a dit à un voleur agonisant qu'ils seraient ensemble au paradis le jour même de leur mort commune – piètre réconfort s'ils devaient y être tous deux inconscients (voir Etude Biblique F). Enfin, il faut citer cette information extraordinaire: la mort de Jésus a libéré de la tombe des personnes mortes depuis longtemps qui ont erré dans Jérusalem, où elles ont été vues et reconnues (Mt 27.52-53; voir Etude Biblique D).

La preuve principale de la survivance de la personnalité après la mort est, bien sûr, Jésus lui-même qui, en quelques jours, a parcouru les trois phases de l'existence humaine. Bien que mis à mort dans son corps, il a été rendu vivant dans l'esprit et, entre sa mort et sa résurrection il a prêché à ceux qui étaient morts noyés dans le déluge aux jours de Noé (1 P 3.18-20; voir l'Etude Biblique H). Tant Jésus que ces personnes doivent avoir été parfaitement conscientes et capables de communiquer. Les clefs de la mort en main (Ap 1.18), Jésus pouvait librement entrer et sortir du séjour des morts. Les portes du séjour des morts ne pouvaient être verrouillées devant lui – ni devant son Eglise (Mt 16.18).

Paul n'appréciait pas particulièrement cette phase de désincarnation; il l'appelait être "dévêtu" (2 Co 5.4). Cependant, en contrepartie, il préférait "quitter ce corps et demeurer auprès du Seigneur". Mourir serait un gain et "de beaucoup le meilleur" (Ph 1.21-23), langage qu'un tel activiste n'emploierait jamais pour un "sommeil" inconscient!

Mais où se trouve donc le séjour des morts? Ou bien cette question est-elle sans objet pour des esprits désincarnés? L'espace y devient-il relatif? et le temps aussi? L'attente paraîtra-t-elle longue ou courte?

Est-ce un seul et même lieu pour tous les morts? Pourquoi le Nouveau Testament ne parle-t-il jamais du séjour des morts pour les justes? Le "paradis" est-il une section réservée? Et la "prison" où les anges rebelles sont enchaînés est-elle une autre section? Où se situe le "sein d'Abraham"?

et le "grand abîme"? Les méchants ont-ils déjà commencé à souffrir? Le séjour des morts est-il un avant-goût de l'enfer?

Nous aimerions bien posséder et donner des réponses à ces questions et à beaucoup d'autres, mais le fait est que la Bible ne nous donne que peu de renseignements concernant cet état intermédiaire, hormis le réconfort pour les croyants qu'ils seront "avec le Seigneur". Que devons-nous faire de cette pénurie d'information? Si nous croyons que la Bible contient tout ce qui est nécessaire à notre salut, il est clair qu'il est tout à fait inutile d'en savoir davantage sur cet état intermédiaire. Cela pourrait même être indésirable par le fait de fixer notre attention, et par conséquent notre espérance pour l'avenir, sur le mauvais "lieu". En d'autres termes, l'Ecriture traite cet état intermédiaire comme un interlude, et nous devrions faire de même. Etre trop curieux d'où se trouvent les morts à l'heure actuelle pourrait nous conduire au désir d'entrer en contact avec eux, ce que Dieu, dans sa sagesse, a décrété être gênant et dangereux pour nous.

Dans la Bible, le principal accent est placé sur l'avenir ultime plutôt que sur l'immédiat; car cela est beaucoup plus important en raison même de sa plus grande permanence.

Les esprits incarnés en enfer

La résurrection réunit le corps et l'esprit. L'essence de la foi chrétienne consiste à dire: "Je crois en la résurrection de la chair". Mais qu'est-ce que cela veut dire?

Ce n'est pas la *réincarnation*. Cette notion orientale enseigne que nous revenons dans ce monde comme quelqu'un (ou quelque chose) d'autre, avec une nouvelle identité. Selon ce que nous méritons, notre prochaine existence sera meilleure ou pire que la précédente.

Ce n'est pas l'*immortalité*. Le concept grec de l'âme immortelle libérée d'un corps mortel est très éloigné du concept hébreu d'une âme mortelle revêtant un corps immortel (il n'est pas étonnant que les Athéniens se soient moqués de Paul quand il en parla, Ac 17.32; voir 1 Co 15.53). L'immortalité n'est pas un attribut naturel de l'homme, mais un acte surnaturel de Dieu.

Ce n'est pas la *réanimation*. Ce n'est pas un retour à la vie de l'ancien corps, qui devra plus tard mourir à nouveau (comme pour Lazare), mais la création d'un corps nouveau qui ne mourra plus jamais (comme pour Jésus, jusqu'à présent le seul à posséder un tel "nouveau" corps glorieux - avec de nouveaux vêtements aussi!). Le corps qui est enseveli (ou incinéré, ou même totalement détruit) n'est pas le corps qui sera ressuscité à la résurrection (1 Co 15.35-44).

Dieu avait le choix entre deux choses avec un esprit désincarné (quoi que conscient). Il pouvait soit l'annihiler (puisqu'il est mortel) soit l'immortaliser (en le réincarnant, cette fois-ci dans un corps immortel). La grande surprise est qu'il a choisi la dernière de ces options, non seulement pour les "justes", mais aussi pour les "méchants". *Tous* les esprits désincarnés doivent être réincarnés. Cette "résurrection générale" est annoncée par le prophète Daniel (Dn 12.2), affirmée par Jésus lui-même (Jn 5.29), soutenue par l'apôtre Paul (Ac 24.15) et liée au jugement dernier dans l'Apocalypse de Jean (Ap 20.5). Beaucoup d'autres passages la sous-entendent (Mt 5.29-30; 10.28; 12.41-42; Le 14.14; 20.35; etc.).

Au jugement dernier, la "mort" (qui cause la désincarnation des esprits) et le "séjour des morts" (lieu d'habitation des esprits désincarnés) seront tous deux jetés dans "l'étang de feu" (Ap 20.14). Comme il s'agit dans les deux cas de choses et non de personnes, cela semble indiquer que les flammes les consumeront plutôt qu'elles ne les tourmenteront. En d'autres termes, l'ère des esprits désincarnés sera terminée et à partir de ce moment-là toutes les existences humaines seront incarnées.

L'enfer appartient donc au futur et non au présent. Personne n'est encore en enfer, pas même le diable (s'il y était, il ne pourrait exercer aucune influence sur la terre).

Nous avons répondu à la question: quand commencera l'enfer? par "au Jour du Jugement". Quand s'achèvera-t-il? S'achèvera-t-il un jour? C'est la question cruciale qu'il nous faut examiner maintenant.

Durée infinie

La description qui est faite de l'enfer implique clairement qu'il s'agit d'une expérience consciente, mieux décrite par le mot "tourment". Maintenant que nous avons exploré la profondeur de cette souffrance, nous allons étudier sa durée. Quelle sera la durée du tourment? Nous avons déjà rencontré trois réponses à cette question.

Certains pensent qu'elle sera extrêmement *brève*. Ils supposent qu'elle ne dépassera pas le temps normal pour que le feu procure la mort. Le tourment conscient sera par conséquent principalement d'ordre mental et occupera l'intervalle qui sépare le verdict et l'exécution de la sentence.

D'autres l'imaginent un peu plus *prolongée*. Les allusions bibliques à différents degrés de culpabilité et à divers châtiments (par exemple en Luc 12.47-48) sont interprétées en termes de périodes assignées de service. Cependant, que la durée du châtiment soit longue ou courte elle s'achèvera par un élargissement soit au ciel (pour les universalistes) soit dans le néant (pour les annihilationnistes).

La plupart, cependant, ont compris cette durée comme étant *sans fin*. Pendant de nombreux siècles, cette vue a été traditionnelle dans l'Eglise. Mais est-ce la véritable interprétation des Ecritures? Les Réformateurs protestants ont assurément pensé ainsi, tout comme l'avaient fait, avant eux, les catholiques romains. Cependant, un nombre

LA RÉALITÉ

croissant d'exégètes contemporains, et parmi eux des évangéliques, remettent en question cette affirmation.

Avant d'examiner les données, il pourrait être utile de simplifier la discussion en énonçant clairement l'alternative (en partant du fait qu'une fois la question fondamentale résolue, toutes ses variantes seront clarifiées). La véritable question est: les tourments de l'enfer ont-ils une fin (à plus ou moins longue échéance) ou sont-ils interminables? L'enfer appartient-il au monde fini du temps où à celui infini de l'éternité? Ou encore, pour le dire sans ambages, plus crûment, "être jeté dans l'enfer" ressemble-t-il davantage à une incarcération dans un camp de concentration ou à une incinération dans un crématorium?

A première lecture, l'impression laissée par le langage et l'imagerie biblique est que la vie s'éteint en enfer. Le feu a normalement un effet destructeur, rendant méconnaissable ce qu'il consume. Dans le passé, le bûcher fut un moyen usuel d'exécution des criminels. La mort y était relativement rapide (beaucoup plus que par la crucifixion, qui pouvait durer de deux à sept jours) et, dans l'ensemble, elle était peu douloureuse (la victime s'asphyxiant souvent par la fumée ou le manque d'oxygène). "L'étang de feu" (ou la "mer de flammes") ne pourrait-il avoir le même effet?

D'autres termes semblent soutenir cette hypothèse. Jésus a dit que le corps et l'âme seraient "détruits" en enfer. En outre, puisque la première mort met un terme à l'existence dans ce monde, pourquoi la "seconde mort" n'en apporterait-elle pas un à l'existence dans celui à venir?

Dieu lui-même est décrit comme un "feu dévorant", tant dans l'Ancien que dans le Nouveau Testament (Dt 4.24; Hb 12.29). Il semblerait assez étrange que l'enfer ne "consume" pas ce qui y serait jeté.

A cette lumière, il est au moins compréhensible que certaines personnes aient, en étudiant la Bible, embrassé l'annihilationnisme. On pourrait dire que la pensée est dite de façon implicite par la formulation, même si elle n'est pas énoncée explicitement.

Pourtant les choses ne sont pas aussi simples. Les mots peuvent avoir diverses significations, suivant le contexte où ils sont employés. La théologie ne peut se reposer sur la seule terminologie! La révélation surnaturelle exige plus que la raison naturelle pour ouvrir ses secrets.

Par exemple, alors que le feu "réduit en cendres", on trouve dans la Bible des cas où il se comporte tout à fait autrement. Moïse fut surpris de ce que le buisson ne se "consumait" pas, bien que les flammes soient réelles; Chadrak, Méchak et Abed-Négo n'ont même pas été roussis dans la fournaise chauffée à blanc (si on peut estimer que le premier cas n'était pas un feu "naturel", le deuxième l'était assurément). Il peut être difficile à l'homme de contrôler le feu, mais Dieu n'a aucun problème pour y arriver (comme le jour où il le dirigea sur l'autel d'Elie au Carmel).

Il serait tout à fait possible à Dieu de limiter les effets "physiques" du feu à une chaleur et un inconfort intenses (ce qui semble être la situation du pauvre riche de Luc 16; voir Etude Biblique E). On pourrait aussi souligner que ceux qui croient que la durée du tourment variera d'une personne à l'autre avant de s'achever ont déjà accepté en principe que le feu n'est pas "naturel", du moins dans ses effets.

Ainsi donc le concept du feu en enfer est ambigu. Notre expérience terrestre ne peut avoir le dernier mot dans notre exégèse. A plus ou moins long terme tous les feux "naturels" consument ce qui les alimente et s'éteignent. Jésus a spécifiquement parlé du feu de l'enfer comme étant inextinguible ("qui ne s'éteint pas"). Il a aussi parlé de vers qui ne meurent pas (ils ne sont donc pas non plus "consumés" par les flammes). Jean parle de la fumée éternelle qui s'élève (Ap 14.11); on peut au moins se demander comment cela pourrait être, longtemps après que le feu ait fini sa tâche de destruction.

De même, il est surprenant de constater que le mot "destruction" est lui aussi équivoque. Le mot grec le plus fréquemment employé est *apollummi* et ses dérivés. Bien sûr, il peut être employé pour la destruction complète d'une personne ou d'une chose, jusqu'à totale disparition, mais ce n'est pas son seul sens, ni son seul emploi.

C'est aussi l'adjectif employé pour la brebis "perdue", la drachme "perdue" et les deux fils "perdus" (Le 15). Il est utilisé pour le vin "répandu" (venant des outres "rompues") et du parfum "répandu" (que Marie versa sur Jésus), ainsi que pour la nourriture "restante" (après que les cinq mille aient été rassasiés). Il est clair que le champ sémantique de ce mot est très étendu, allant d'être ruiné sans possibilité de réparation à être rendu impropre à l'usage. Le mot français "périr" (utilisé en Jn 3.16 pour traduire le même mot) lui ressemble pour son étendue. Il peut signifier "cesser d'exister" (comme dans "trente-deux personnes périrent dans ce naufrage") ou "devenir inutilisable" (comme dans "denrées périssables").

Même le mot "mort" peut avoir diverses acceptions. Elle peut signifier la mort spirituelle, comme dans le cas d'Adam (Gn 2.17) et de ses descendants (Ep 2.1). Le fils prodigue était "mort" (pour son père) tant qu'il était dans un pays lointain (Le 15.32). Même employé dans un sens physique, il n'inclut pas nécessairement l'extinction. Si la "première mort" ne met pas un terme à la vie consciente de l'individu, il n'est pas inévitable que la "seconde mort" le fasse.

Jusqu'ici la preuve n'est pas concluante et pourrait être interprétée de deux façons: continuer ou cesser d'exister. Tournons-nous maintenant vers le mot qui semble, à première vue, régler le problème (et qui le règle pour beaucoup): "éternel". Ce qualificatif est appliqué tant au feu lui-même qu'au châtiment qu'il inflige (Mt 25.41, 46). Le fait que, dans ce passage, cet adjectif soit appliqué à la "vie" a été l'un des arguments les plus fréquemment avancés pour soutenir le point de vue traditionnel d'un tourment sans fin en enfer.

D'aucuns, cependant, voient dans cet adjectif une qualification de qualité de vie (ou de mort) plus que de quantité. L'opinion de la majorité penche maintenant en faveur d'un mélange de qualité et de quantité.[1]

L'adjectif grec (*aionion*) est dérivé d'un nom (*aion*) qui se réfère certainement à une période de temps, un "âge" ou une "ère". L'adjectif signifie donc ce qui est caractéristique de l'âge dans son ensemble, ou de ce qui dure toute l'ère. Ceci peut donc signifier une période de temps limitée ou illimitée, suivant que "l'âge" se réfère à ce qui est fini ou infini. Dans la pensée néo-testamentaire, le "présent siècle mauvais" est limité dans le temps, mais le "temps à venir" futur est illimité. Duquel de ces deux âges, l'enfer tire-t-il son caractère, de l'âge qui passe ou de celui qui demeurera pour toujours?

L'adjectif est utilisé plus de soixante-dix fois dans le Nouveau Testament. Un peu moins de soixante fois, il est appliqué à des personnes et des choses avec une indication claire d'un état permanent (quarante-trois fois qualifiant la "vie" rendue possible par Jésus-Christ, qu'on suppose durer éternellement). De même, quand il est employé pour qualifier les attributs de Dieu, on suppose qu'il s'agit de ses caractéristiques permanentes. Il n'est utilisé que sept fois pour qualifier le châtiment des pécheurs. Mais signifie-t-il "qui dure un temps" ou éternel, long mais limité ou sans fin?

Si le mot en lui-même laisse la question ouverte, il y a, dans le Nouveau Testament, une expression qui ne supporte pas la discussion, il s'agit de: "aux siècles des siècles" (en grec: *eis tous aionas ton aionon*). Il ne pourrait exister dans

LA RÉALITÉ

la langue grecque d'expression plus emphatique pour ce que nous connaissons comme un temps infini. Puisque l'Ecriture l'applique à l'enfer, on pourrait s'attendre à ce qu'elle fasse taire les annihilationnistes.

Ce n'est pas le cas! Tout en admettant, souvent avec réticence, que le châtiment doit donc être "éternel", ils établissent alors une distinction entre *l'effet* et *l'expérience* de celui-ci, le premier constituant à lui seul la partie éternelle. Les pécheurs sont annihilés, et non tourmentés, "aux siècles des siècles".

Mis à part l'usage quelque peu superfétatoire des mots (l'annihilation pourrait-elle être autre que permanente?), il y a une raison pour l'impossibilité à établir une telle distinction des données bibliques. L'expression "aux siècles des siècles" est employée dans le Nouveau Testament pour qualifier tant le "tourment" que le "châtiment" (Ap 14.11; 20.10); et nous avons déjà remarqué que le premier de ces mots se réfère à l'expérience plus qu'à l'effet du châtiment et ne peut signifier qu'une souffrance consciente (nous y reviendrons plus loin).

Avant de poursuivre pour examiner certaines des preuves les plus claires des Ecritures, nous pouvons poser quatre questions que les annihilationnistes doivent regarder sans détours.

Premièrement, pourquoi donc les méchants devraient-ils "ressusciter" (c-à-d. recevoir de nouveaux corps) pour le Jour du Jugement, si ceux-ci doivent être détruits immédiatement après? Ce serait un acte de création totalement inutile et semblerait pour le moins étrange. A moins que les esprits désincarnés ne soient totalement inconscients (certaines sectes croient en un tel "sommeil de l'âme", bien que l'orthodoxie chrétienne ait en général rejeté cette façon de voir), il n'y aurait aucun besoin de les ressusciter. Le Seigneur pourrait juger et condamner leurs esprits à l'annihilation (de la même façon que Jésus leur a prêché,

1 P 3.19-4.6; voir Etude Biblique H). Leur rendre un corps engendrerait le besoin de créer un lieu pour disposer d'eux! Ce qui nous amène à la deuxième question.

Deuxièmement, donc, pourquoi avoir "préparé" un lieu appelé "enfer"? Le Dieu qui a créé tout l'univers par sa parole pourrait certainement le faire disparaître de la même manière. Une création "par décret" peut être suivie d'une destruction "par décret". Si le Fils a pu tuer le figuier en le maudissant, le Père pourrait faire de même pour toute partie de son univers. Pourquoi se donner la peine de construire un incinérateur?

Troisièmement, que doit-on faire des déclarations claires selon lesquelles le feu, la fumée et même les vers de l'enfer sont permanents? Ceci implique une survivance longtemps après l'accomplissement de leur fonction. Quel éventuel dessein pourraient-ils remplir une fois leurs victimes exterminées? La réponse surprenante donnée par quelques annihilationnistes, qui reconnaissent que l'enfer est permanent, même si ses habitants ne le sont pas, est qu'il servira de "mémorial"! Mais à qui servira-t-il de commémoration et pourquoi auraient-ils besoin de se souvenir? Le Seigneur n'en a nul besoin. Les saints connaîtraient-ils une plus grande joie et une plus grande gratitude s'ils pouvaient voir l'enfer depuis le ciel? Y a-t-il une quelconque base scripturaire pour une spéculation si extravagante?

Quatrièmement, pourquoi la pensée de tomber dans l'oubli inspirerait-elle la peur? Jésus a parlé avec une horreur absolue de la Géhenne. Tout sacrifice (d'un organe ou d'un membre) était préférable au fait que le "corps tout entier" se retrouve dans ce lieu funeste. C'est un destin pire que la mort. Il vaudrait mieux ne jamais être né. La peur de l'enfer dépasse de loin celle de la mort (Mt 10.28; voir l'Etude Biblique A). La pensée de l'annihilation n'inspire pas la terreur et peut même être la bienvenue. C'est sans doute la raison pour laquelle ceux qui y croient ne la prêchent que rarement. L'échéance de l'oubli pourrait être quelque chose à reculer le plus possible, mais la plupart l'accepteraient tout à fait stoïquement quand elle tomberait. Et les pécheurs qui se seraient payés du bon temps en seraient probablement soulagés.

Ces problèmes peut-être un peu tatillons mis à part, le schéma annihilationniste comporte une faiblesse majeure et, de fait, dans la plupart des débats concernant l'enfer la discussion porte habituellement sur la destinée ultime des êtres humains. Ce souci de notre propre avenir est compréhensible (nous avons tant à perdre), mais il fait dévier le débat, car l'enfer n'a jamais été prévu ou préparé pour la race humaine. Il a été "préparé pour le diable et pour ses anges" (Mt 25.41). Pourquoi pour eux?

Dieu s'est trouvé devant un problème quand les anges, conduits par Satan, se sont rebellés contre son gouvernement (Ap 12.4 semble laisser entendre qu'ils formaient le tiers du corps angélique), parce qu'ils constituaient une race supérieure à l'Homo Sapiens, en particulier sous un aspect important. Alors que les êtres humains sont des mortels capables de recevoir l'immortalité, les anges avaient été créés immortels de façon inhérente. Contrairement à Dieu ils avaient un début, mais comme lui, ils n'auraient pas de fin. Comme Jésus l'a dit, ils ne peuvent mourir (Lc 20.36; remarquez qu'après la résurrection, les êtres humains partageront cette immortalité bien qu'ils ne la possèdent pas avant, même si leurs esprits survivent à la mort). C'est la raison pour laquelle les anges ne naissent pas, ne se marient ni se reproduisent comme nous le faisons. Leur nombre (qui est considérable) est fixé.

Puisque ces anges rebelles ne pouvaient être annihilés, Dieu a dû leur préparer un lieu pour les isoler du reste de son univers. Comme nous l'avons déjà expliqué, ils ne sont pas encore consignés dans ce lieu, bien que les pires coupables (les anges qui séduisirent les femmes humaines; Gn 6.1-7) ont déjà été mis en prison en attendant le jugement (2 P 2.4; Jude 6; voir Etude Biblique I). Ce cachot est appelé "tartare", d'après la mythologie grecque, ce qui est significatif car cela fait de ce lieu d'incarcération un lieu distinct à la fois du séjour des morts et de l'enfer.

Après le jugement dernier, ces anges (démons) rebelles, pour lesquels il n'y a pas d'espérance de pardon ni de salut (Hb 2.16), peut-être parce qu'ils ont déjà connu la vie céleste et l'ont rejetée, rejoindront leur chef dans l'"étang de feu" et partageront son "châtiment éternel".

Quel est ce châtiment? *Cesser* ou *continuer* d'exister pour toujours? Les Ecritures sont limpides sur ce point. Elles disent du diable qu'il sera "tourmenté jour et nuit, aux siècles des siècles" (Ap 20.10). Il ne suffit pas de mettre ce verset de côté comme "difficile" (simplement parce qu'il ne concorde pas avec une théorie particulière) ou comme "symbolique" (sans expliquer ce qu'il symbolise), comme les annihilationnistes sont enclins à le faire (je me réfère à des commentaires réels, sans en nommer les auteurs). Si les mots ont un quelconque sens, le diable et ses anges connaîtront bien des souffrances sans fin en enfer.

Certains sont prêts à admettre que ce soit le sort des anges déchus, tout en niant encore que les humains déchus le partagent. L'Ecriture nous permet-elle de faire une distinction de ce genre? Ou nous indique-t-elle un même sort pour toutes les créatures déchues, que ce soit dans le ciel ou sur la terre?

Quand le diable sera "jeté dans l'étang de feu" (même verbe que celui employé pour les êtres humains; Le 12.5), il y rejoindra deux autres êtres: la "bête" et le "faux prophète" (Ap 19.20). Ceux-ci sont terrestres plutôt que célestes et auront profondément influencé les affaires humaines, mais sont-ils des êtres humains?

Il est devenu à la mode de les interpréter comme des personnifications (comme la "Mère Nature") plutôt que des personnes. Ils sont censés "symboliser" les structures sociales et les institutions qui influencent la vie politique et religieuse. Cependant, de telles structures et institutions sont conçues par des humains, entretenues par des humains et dirigées par des humains, avec un humain à la tête le plus souvent. Le livre de l'Apocalypse les présente comme des personnes et non des entités. Le reste de la Bible mentionne d'autres "antichrist" (1 Jn 2.18; remarquez que ce verset mentionne également un antichrist particulier) et des faux prophètes (Mt 24.11), mais ce sont des êtres humains isolés. Il s'ensuit que *l'*Antichrist (que Paul appelle *"l'homme impie"*; 2 Th 2.3) et *le* faux prophète sont des exemples individuels sans pareil des deux genres. C'est confirmé par le fait qu'ils sont tous deux "tourmentés". Depuis quand est-il possible de tourmenter une structure sociale?

Ainsi, il y a au moins deux êtres humains qui souffriront de tourments sans fin en enfer. Pourtant ce même livre de l'Apocalypse assigne le même sort à un bien plus grand nombre. De tous ceux qui ont accepté la marque du nombre de la "bête" (de façon à pouvoir acheter et vendre les nécessités de la vie) il est dit: "La fumée de leur tourment monte aux siècles des siècles" (Ap 14.11). Certains ont essayé de dire que la fumée continuera de monter bien après que leur tourment soit terminé. Mais ce n'est pas la fumée du feu qui les a un jour tourmenté; c'est celle de "leur" tourment (nous pourrions comparer avec l'emploi similaire que Jésus fait du pronom personnel: "leur ver ne meurt pas"; Mc 9.44, citant Es 66.24). On peut supposer que ceux à qui il est fait référence ici avaient été poussés à s'identifier au gouvernement de la "bête" par peur pour leur vie, ce qui pourrait expliquer pourquoi les "lâches" sont inclus dans la liste de ceux qui sont destinés à "l'étang de feu" (Ap 21.8).

Le passage décisif est la soi-disant "parabole" des brebis et des boucs (Mt 25.31-46; il s'agit davantage d'une prophétie que d'une parabole – voir l'Etude Biblique C). Tous les savants s'accordent pour dire que les animaux représentent des êtres humains. Alors que les "brebis" héritent du royaume "préparé" pour elles, les "boucs" sont envoyés dans "le feu éternel préparé pour le diable et ses anges". Ceci ne peut signifier qu'une seule chose: ceux qui sont rejetés par le Roi-berger partagent exactement le même "châtiment éternel", dont nous avons déjà établi qu'il est une souffrance sans fin. Il n'y a pas la moindre allusion disant que le feu qui tourmentera un groupe annihilera l'autre.

La description des pécheurs comme "hors" de la nouvelle Jérusalem, plutôt que totalement effacés, est en accord avec cette existence perpétuelle (Ap 22.15). De tels "chiens" ne pollueront pas les rues d'or. "Leur part sera dans l'étang brûlant..." (Ap 21.8). Dans les évangiles, Jésus utilise souvent le concept d'être "rejeté, jeté dehors, laissé dehors". Il en a parlé avec des accents d'horreur absolue. Il considérait cela comme la pire chose qui puisse jamais arriver à un être humain.

En résumé, la compréhension traditionnelle de l'enfer comme un tourment sans fin est confirmée par l'Ecriture, premièrement pour les anges déchus et ensuite, par association, pour les humains pécheurs. Bien que, il faut le reconnaître, certains mots et même certaines déclarations soient ambigus, d'autres sont clairs et sans équivoque. Les premiers devraient être interprétés à la lumière de ces derniers. Le fait que la plupart des preuves claires viennent de l'Apocalypse n'est pas une raison pour les laisser de côté. Peut-être l'avertissement solennel de la fin prévoyait-il une partie de ce traitement: "Si quelqu'un retranche des paroles du livre de cette prophétie, Dieu retranchera sa part de l'arbre de vie et de la ville sainte, décrits dans ce livre" (Ap 22.19). Rejeter les déclarations qu'il fait concernant l'enfer, c'est courir le risque de découvrir à nos dépens la véracité de ce qu'il dit sur ce sujet! Le risque de perdre le ciel est, ipso facto, celui de vivre en enfer. Mais il y a bien d'autres moyens de courir ce risque, comme nous allons le voir maintenant.

---

[1] NdT. L'auteur fait référence à une distinction qui s'appuie sur deux mots de la langue anglaise employés pour traduire *aionion*: "everlasting" (ce qui dure pour toujours – on pourrait traduire "sans fin") et "eternal", qui peut avoir un sens plus qualitatif et moins lié à la seule notion de durée. C'est le premier mot qui était généralement choisi dans les traductions bibliques anglaises plus anciennes.

4

LE RISQUE

Les personnes qui vont en enfer méritent d'y aller. La Bible suppose partout que les êtres humains sont responsables et auront à rendre des comptes à Dieu. S'il n'en était pas ainsi, un jour de jugement serait grotesque.

Nous sommes le résultat de nos choix. Un mauvais caractère est formé par de mauvaises décisions. Bien sûr l'hérédité et l'environnement exercent une influence; mais le fait qu'ils ne soient pas décisifs est prouvé par le nombre de personnes qui se sont élévées au-dessus de leurs ancêtres ou de leur éducation et de celles qui sont tombées plus bas qu'eux.

Dieu seul peut savoir l'étendue de cette responsabilité personnelle, car lui seul peut connaître toutes les circonstances. Il sera d'une justice absolue dans le jugement, auquel il sera impossible de faire appel.

Pourtant, il a délégué cette tâche à un être humain (Ac 17.31)! C'est Jésus qui décidera du sort éternel de chaque être humain, y compris de ceux qui ont osé le juger (Caïphe et Pilate). Tous les gouvernants du monde comparaîtront devant lui, ainsi que tous les fondateurs des religions mondiales, tous les magnats du commerce, tous les scientifiques et les artistes, les hommes d'Etat et les politiciens, les philosophes et les visionnaires, les architectes et les musiciens, les sportifs et les entraîneurs, les pilotes et les chauffeurs de taxi, les ingénieurs et les agriculteurs, les maîtresses de maison et les mannequins, les docteurs et les infirmières, et les millions de personnes dont les noms ne sont connus que de Dieu. "Car il nous faut tous comparaître devant le tribunal du Christ, afin qu'il soit rendu à chacun d'après de ce qu'il aura fait dans son corps, soit en bien, soit en mal" (2 Co 5.10). C'est lui le Fils de l'homme, le Roi-berger, qui séparera les brebis d'avec les boucs, en fonction de leur attitude à son égard (Mt 25.31-46; voir Etude Biblique C).

Certains trouvent réconfortant de penser que Jésus sera notre juge. Il a été, et demeure, un humain et comprend par conséquent tant nos circonstances que nos faiblesses. Nous pouvons donc nous attendre à une oreille compatissante de sa part. Pourtant, par ailleurs, jamais peronnes n'a enseigné de plus hautes normes morales, et il a fait preuve d'une habileté exceptionnelle à voir jusqu'au fond du cœur de l'homme (raison pour laquelle l'hypocrisie le mettait en colère plus que tout).

Chacun de nous comparaîtra devant lui pour rendre compte pour lui-même (et pour nul autre). Il n'y aura besoin d'aucun témoin à charge, puisque tout ce qui nous concerne est déjà connu et enregistré. Le procès ne s'étirera pas en longueur; il durera tout juste le temps nécessaire pour que le verdict soit rendu et la sentence prononcée. De quoi dépendra-t-il? La réponse est: "ce qu'il aura fait dans son corps, soit en bien, soit en mal" (2 Co 5.10). Quelles sont donc les choses faites dans cette vie capables de nous envoyer en enfer? Il est important, même vital, que nous le sachions.

Fort peu de personnes choisiraient délibérément d'aller en enfer (ce serait une forme extrême de masochisme), mais nombreux sont ceux qui choisissent de marcher sur la route qui y mène, soit parce qu'ils n'en prennent pas conscience soit parce qu'ils n'y croient pas. La plupart ne considéreraient pas leurs "péchés" comme suffisamment graves pour justifier d'un tel sort ("Après tout, personne n'est parfait") et pourraient même prétendre que leurs faiblesses sont "inoffensives" et par conséquent innon- centes. Ils seront choqués de découvrir à quel point leurs attitudes et leurs activités ont été injurieuses aux yeux d'un Dieu saint. Par exemple, *tout* adultère, qu'il soit physique (relations sexuelles en dehors du mariage), mental (regarder avec une pensée lascive) ou légal (la plupart des remariages après divorce), constitue un délit pénal dans la loi divine.

Si les incroyants sont choqués par des normes aussi détaillées, les croyants le sont quand ils découvrent que ces mêmes normes (et pénalités) s'appliquent encore à eux, même après qu'ils aient été acceptés par Dieu. Les pécheurs insouciants et les saints négligents sont tous partis pour de grosses surprises. Nous étudierons néanmoins les deux groupes séparément.

Les pécheurs insouciants

Le Nouveau Testament dresse plusieurs listes de péchés. En tenant compte des chevauchements, le nombre total des péchés énumérés est d'environ cent vingt. En dresser l'inventaire complet est un exercice qui donne à réfléchir, quand on se souvient qu'un seul d'entre eux suffit à nous condamner.

Comme on peut s'y attendre, les activités sexuelles illicites figurent fréquemment, quelles soient du genre hétérosexuel ou homosexuel. Dieu, qui a inventé le sexe, a fait très clairement comprendre que sa jouissance doit être limitée à un homme et une femme liés dans une loyauté à vie.

A côté des vices contre nature apparaissent d'autres péchés que la plupart des sociétés classeraient comme "crimes". Le meurtre et le vol en sont deux exemples évidents. Le premier comprendrait l'avortement et l'euthanasie active (mais pas la peine capitale); le dernier comprendrait l'escroquerie et la fraude fiscale (mais pas la dérobade fiscale).

Que la religion pervertie soit extrêmement offensante pour Dieu ne surprend nullement, à la fois dans l'occultisme (avec ses magies noire et "blanche", ses amulettes et ses cérémonies, ses sorcelleries et superstitions) et dans l'idolâtrie (que ce soit de fausses images ou des imaginations).

Les péchés d'injustice sont mis au même rang que l'immoralité. L'exploitation des démunis, l'écrasement des faibles, le mépris des pauvres, les mauvais traitements faits aux étrangers sont tous une offense à un Dieu de justice. Paul classe les marchands d'esclaves avec les débauchés et les parjures (1 Tm 1.10; reproche à ceux qui l'accusent d'approuver l'esclavage).

L'amour de son propre confort recouvre un grand nombre d'offenses. L'avarice est classée dans l'idolâtrie, parce qu'elle fait inévitablement tourner la vie autour des choses créées plutôt qu'autour du Créateur. La convoitise est le seul péché intérieur (et, par conséquent, caché) cité dans les dix commandements (et ce commandement est celui que nombre de Pharisiens, Paul y compris, n'ont pas observé; Rm 7.7-8). L'ivrognerie est citée plus d'une fois.

Le péché peut prendre la forme de paroles, comme celle d'actes. Les faux témoignages (par la profession de mensonges ou la rétention de la vérité), les racontars, les calomnies, blessent Dieu tout autant les uns que les autres. Une des choses impossibles à Dieu est de dire des mensonges; tous les "menteurs" sont voués à "l'étang de feu" (Ap 21.8), où ils retrouveront le "père du mensonge" (Jn 8.44). Même nos "paroles vaines" (ces remarques en passant qui sortent quand nous ne sommes pas sur nos gardes) pourraient amener quelqu'un au jugement (Mt 12.36-37). En vérité, la langue est un petit membre "embrasé par la géhenne" (Je 3.6) et pourrait entraîner avec elle tout le corps.

Il y a encore des péchés plus subtils, et par conséquent plus dangereux. La colère incontrolable, la paresse habituelle et l'envie amère sont tous des péchés de la même gravité, mais l'orgueil est ce qu'il y a de pire. Rien ne sépare plus facilement du Créateur. En fait, être orgueilleux, c'est se déifier et s'adorer soi-même, ce qui est la forme la plus odieuse d'idolâtrie. On la trouve même chez des personnes qui sont parvenues à un certain degré de justice, ou du moins de respectabilité extérieure. Jésus a donné aux Pharisiens et aux scribes (Mt 23.33) des avertissements concernant l'enfer plus clairs qu'aux "pécheurs" de son époque.

En revanche on est surpris de voir citer la "lâcheté" (par exemple en Ap 21.8). Cela se réfère sûrement à la timidité morale, au fait de savoir ce qui est juste mais de craindre les conséquences de le faire (ou même de le dire). La crainte des hommes et la crainte de Dieu sont incompatibles.

La liste semble inépuisable! Et comme si tout cela ne suffisait pas, il y a encore les péchés par omission à côté des péchés par commission, c'est-à-dire, ces choses qui auraient dû être faites et ne l'ont pas été, ainsi que celles qui n'auraient pas dû l'être et qui l'ont été.

Paul en relève deux en particulier, quand il dit que Jésus "se relèvera... pour punir ceux qui ne connaissent pas Dieu et ceux qui n'obéissent pas à l'Evangile" (2 Th 1.8). Il est évident qu'il ne serait pas juste de pénaliser ceux qui n'ont pas eu l'occasion de faire l'une ou l'autre de ces actions.

Il semble que Paul parle ici de deux groupes de personnes. D'une part, ceux qui ont entendu l'évangile, mais n'ont rien fait (il serait inconcevable que quelqu'un soit puni parce qu'il n'a pas entendu l'évangile; et l'Ecriture ne fait jamais une telle déclaration). Le mot "obéir" est intéressant; il ne faut pas simplement accepter l'Evangile, ou le croire, mais y obéir; je suppose par la repentance et le baptême (Ac 2.38). L'incrédulité est un acte délibéré de désobéissance (Jn 16.9; Ap 21.8).

Mais qu'en est-il de ceux qui n'ont jamais entendu l'évangile? C'est l'une des questions les plus fréquemment posées par les incroyants (le comble de l'ironie, c'est qu'en général celui qui pose la question a entendu et n'a ni le désir ni l'intention d'aller en parler à ceux qui ne l'ont pas entendu; il semble que ce qui les pousse à poser une telle question est le désir de prouver que Dieu est injuste). La Bible donne à cette question une réponse claire: chacun sera jugé selon la lumière qu'il aura reçue. Personne ne sera condamné pour n'avoir pas entendu. Mais ne pas avoir entendu ne signifie pas être dans un état d'innocence. Si c'était le cas, l'évangélisation en terre de mission aurait plus de chance de peupler l'enfer que le ciel! Mieux vaudrait les maintenir dans l'ignorance que de les dépouiller de leur innocence, mais ce n'est pas le cas.

Ils tombent dans la catégorie de ceux "qui ne connaissent pas Dieu". Ce qui laisse entendre qu'ils ont eu une occasion ou une autre d'entrer en relation avec lui, même s'ils n'ont jamais entendu parler de son Fils. Ils ont eu deux canaux de "révélation générale". La création, à l'extérieur d'eux, et la conscience, à l'intérieur, leur ont communiqué des informations sur la puissance et la pureté de leur Créateur. Ces qualités invisibles ont été démontrées clairement, comprises aisément et délibérément ignorées, laissant les hommes "inexcusables" (Rm 1.20; les deux premiers chapitres de cette épître traitent de cette question). La stupidité mentale est volontaire et délibérée. Ce n'est pas que les gens ne savent rien de Dieu; ils ne *veulent* pas savoir.

Nous serons donc jugés selon la lumière que nous avons reçue et sur la façon dont nous aurons réagi devant cette lumière, même si elle a été très faible. Ceux qui auront répondu de façon positive seront acceptés et acquittés. Mais qui entre dans cette catégorie? Qui peut prétendre honnêtement avoir suivi sans détours sa propre conscience, sans parler de celle de qui que ce soit d'autre? Le monde entier plaide coupable à la barre de la justice. C'est la raison pour laquelle l'évangile doit être porté à toutes les nations et prêché à toute créature (voir Chapitre 7).

Qu'en est-il de ceux qui ont entendu l'évangile et y ont répondu? Peuvent-ils cesser de penser à l'enfer, au moins en ce qui les concerne? Beaucoup, si ce n'est tous les évangéliques répondraient par l'affirmative: les croyants ne courent aucun risque ni danger, ils peuvent perdre des bénédictions sur la terre, mais n'iront jamais en enfer. Les lecteurs qui soutiennent ce point de vue sont invités à aborder la section suivante avec un esprit ouvert et une Bible ouverte, demandant à l'Esprit de vérité de leur révéler la vérité des Ecritures.

Les saints négligents

La majeure partie de l'enseignement de Jésus sur l'enfer se trouve dans l'évangile de Matthieu. Cela a-t-il une signification particulière?

Ce livre a une connotation juive très forte, avec son accent particulier sur l'accomplissement des prophéties hébraïques (sa place dans le canon du Nouveau Testament, à savoir tout de suite après l'Ancien Testament, convient bien, même s'il n'a sans doute pas été le premier écrit) et le fait qu'il évite de nommer Dieu (utilisant "royaume des cieux" plutôt que "royaume de Dieu"). Cela veut-il dire que l'enfer est un sujet destiné aux Juifs plutôt qu'aux païens? En fait, cet aspect juif a été trop souligné. "Matthieu" contient à la fois des points anti-juifs et pro-païens, et il s'achève sur le "grand ordre de mission" à aller faire de toutes les nations (c-à-d., de tous les groupes ethniques, de tous les païens) des disciples.

Ce dernier point est la clé de la nature véritable du premier évangile. Il constitue un "Manuel du Disciple" pour aider à faire "des disciples" en leur enseignant "à garder tout ce que je [Jésus] vous ai prescrit" (Mt 28.20). L'enseignement est rassemblé dans cinq sections (réminiscence du Pentateuque, les cinq livres de Moïse?) sous les thèmes du "royaume":

son style de vie, sa mission, sa croissance, sa communauté et son avenir.

"Matthieu" a donc été écrit pour être utilisé par *l'Eglise* et pour elle (c'est le seul évangile qui utilise le mot Eglise). Il s'adresse à des disciples, "fils du royaume", qui ont reçu Jésus, cru en son nom et son nés de Dieu (Jn 1.12; si ce mot s'applique à quelqu'un il doit inclure les douze). Et c'est à ces "disciples" que Jésus adresse la plupart de ses enseignements sur l'enfer, comme s'ils avaient plus besoin que tout autre qu'on les leur rappelle.

Cela est confirmé en notant le contexte immédiat des mises en garde. Alors qu'il semble clair que Jésus admettait comme allant de soi que tous les pécheurs se dirigent vers l'enfer (par exemple en Mt 7.13; c'est encore plus clair dans l'évangile de Luc, qui a été écrit pour les pécheurs plutôt que pour les disciples, voir Le 12.1, 4-5, 46), il ne l'a jamais explicitement et directement prêché aux pécheurs eux-mêmes (le chapitre 7 explorera la signification de ce fait pour notre prédication). Il a donné deux fois des avertissements sévères aux scribes et aux pharisiens (par exemple en Mt 23.15); combien il haïssait l'hypocrisie religieuse et pharisaïque! Le reste de ses sinistres paroles, cependant, était adressé à ses propres disciples et aux douze apôtres en particulier. L'avertissement le plus clair de tous a été donné à ceux qu'il envoya deux par deux comme missionnaires pour proclamer le royaume et le mettre en évidence; ils devaient conserver la peur de l'enfer pour eux-mêmes plutôt que de la colporter aux autres (Mt 10.28; voir Etude Biblique I pour une exégèse approfondie sur ce texte crucial).

Le Sermon sur la Montagne contient de fréquentes mentions de l'enfer et de la destruction. A qui s'adressait-il? La plupart des commentateurs évangéliques avancent que son éthique élevée est destinée à l'Eglise plutôt qu'au monde, aux chrétiens plutôt qu'aux incroyants; pourtant ils évitent avec soin de regarder en face les implications du fait de dire aux "chrétiens" qu'ils sont menacés par les flammes de l'enfer et qu'il "est avantageux pour (lui) qu'un seul de (ses) membres périsse et que (son) corps entier ne soit pas jeté dans la géhenne» (Mt 5.22, 29). Que cette dérobade soit inconsciente ou délibérée, elle est significative aussi bien que remarquable (voir par exemple, *Studies in the Sermon on the Mount* du Docteur Martyn Lloyd-Jones et *Christian Counter-culture* de John R. W. Stott).

On ne peut résoudre le problème en affirmant que le sermon a probablement été entendu par le public en général (Mt 7.28); cela ne change rien au fait qu'il était clairement adressé aux disciples (Mt 5.1). De toutes façons, les normes morales incroyablement élevées exigées ici ne s'appliquent qu'à la vie dans le royaume; difficiles même pour ceux qui ont reçu la grâce divine, elles sont impossibles pour ceux qui ne l'ont pas reçue. Il s'adresse à "vous" qui êtes le sel de la terre et la lumière du monde, mais qui êtes néanmoins persécutés "à cause de moi [Jésus]". Malgré cela, la menace de l'enfer est implicite dans le discours dans son ensemble et explicite en un certain nombre de points. Les disciples qui écoutent doivent choisir entre la voie large qui mène à la destruction et le chemin étroit qui mène à la vie. Ils pourraient se retrouver sur le mauvais chemin par la "convoitise des yeux" (Mt 5.28; 6.23; cf. Jb 31.1 et 1 Jn 2.16), ou par un discours dédaigneux (Mt 5.22).

Les auteurs apostoliques des épîtres soulignent fréquemment ce même point. Plus d'une fois, Paul avertit les croyants que s'ils *continuent* à pratiquer les œuvres de la chair, ils "n'hériteront pas le royaume de Dieu" (1 Co 6.9-11; Ga 5.19-21). La lettre aux Hébreux est encore plus carrée: il n'y a plus de sacrifice pour ceux qui continuent délibérément à pécher après avoir reçu la connaissance de la vérité (Hb 10.26), avertissement adressé de toute évidence à des croyants puisque l'auteur s'inclut lui-même dans le risque, comme il le fait en 2.1-3, pour ne rien dire de son avertissement fameux de 6.4-8. De même, Pierre dit qu'il est préférable de ne jamais avoir connu la "voie de la justice" que de s'en être détourné (2 P 2.21-22).

La base de tels avertissement pour les croyants est la justice divine. Ne serait-il pas grossièrement injuste de la part de Dieu de condamner un incroyant pour adultère, tout en l'excusant chez un croyant? Ce serait une preuve de partialité, voire de favoritisme, comme on peut trouver chez des juges humains, mais dont il n'y a aucune trace dans la nature divine, comme l'attestent de nombreux versets (voir Rm 2.1-11 pour un avertissement dévastateur aux "saints" de Rome de ne pas être présomptueux en pensant que Dieu fermera les yeux sur leurs fautes tout en les condamnant chez les autres). Dieu doit punir le péché partout où il se trouve, au sein de son peuple comme à l'extérieur (Col 3.25). En fait, le jugement doit commencer par la famille de Dieu (1 P 4.17).

Mais alors tous les péchés ne sont-ils pas pardonnés quand nous sommes justifiés par grâce par la foi en Christ? Les péchés passés le sont assurément, mais pas ceux à venir. Il y aura des péchés après la justification; le nier c'est se tromper soi-même (1 Jn 1.8). Il est possible de les traiter, et nous devons le faire, en appelant à notre avocat (1 Jn 2.1) et en appliquant son expiation; chaque fois que nous confessons nos péchés, il continue à nous les pardonner et le sang de Jésus continue à les purifier (cf. 1 Jn 1.9; tous les verbes sont au "présent continu" dans le texte grec).

Il y a encore un autre point sérieux. Tout comme le livre du Lévitique établit la distinction entre transgressions involontaires et transgressions délibérées de la loi (exigeant des offrandes sacrificielles différentes), le Nouveau Testament fait la distinction entre tomber accidentellement dans le péché (Ga 6.1) et marcher délibérément dans le péché (Hb 10.26). Les disciples ne peuvent se payer le luxe de la suffisance.

Revenons à l'enseignement de Jésus dans les évangiles. Nous découvrons un changement significatif d'accent dans l'application de l'enfer aux croyants. Comparé à la liste des choses qui pourraient envoyer un incroyant en enfer, le volume des avertissements est, pour les croyants, lié aux péchés par omission, aux choses négligées plus qu'à celles perpétrées, avec un éventail différent d'offenses tombant sous le coup de la loi.

Le bloc final des enseignements de "Matthieu" (adressés aux seuls douze) concerne l'avenir du royaume, les signes du retour de Jésus et la préparations de ses serviteurs pour cet événement (Mt 24-25). Dans une série de paraboles, Jésus explique que leur Seigneur et Maître ne se soucie pas tant de ce qu'ils seront en train de faire au moment de son retour, mais de ce qu'ils auront fait pendant son absence, en particulier s'il est au loin "longtemps" (Mt 24.48; 25.5,19). Le véritable test de notre préparation n'est pas ce que nous faisons quand nous pensons qu'il revient bientôt, mais ce que nous faisons si son retour tarde.

Le Seigneur absent attend de ses disciples la *vigilance* (comme les servantes qui ont assez d'huile dans leur lampe pour continuer à briller jusqu'à l'arrivée de l'époux), la *diligence* (comme de bons hommes d'affaires faisant fructifier leurs talents) et la *bienveillance* (nourrir, vêtir et visiter ses "frères"; voir Etude Biblique C pour savoir de qui il s'agit).

L'aspect alarmant de ces paraboles dites aux douze est le verdict qui tombe sur ceux qui n'ont pas été fidèles dans leur devoirs et la sentence qui leur est faite. Le serviteur qui néglige son devoir et maltraite ses collègues "il le mettra en pièces et lui fera partager le sort des hypocrites: c'est là qu'il y aura des pleurs et des grincements de dents" (Mt 24.51;

remarquez qu'être mis en pièces ne met pas un terme à son existence!). Le serviteur qui enterre son talent (parce qu'il n'en a reçu qu'un seul?) est accusé d'être mauvais, paresseux et inutile, avant d'être jeté dans les ténèbres, où il y aura des pleurs et des grincements de dents (Mt 25.30). Ceux qui ne se sont pas souciés des frères du maître sont maudits et chassés pour un châtiment éternel dans le feu éternel, préparé pour le diable et ses anges (Mt 25.41,46). Et tout cela est dit aux douze disciples (Mt 24.1), et non au public en général ni aux pécheurs en particulier. Bien que dans un cas de mauvaises choses aient été faites, dans chaque cas de bonnes choses n'ont pas été faites. Il ne faut pas prendre à la légère le fait d'être disciple; cette condition comporte des responsabilités aussi bien que des privilèges.

Qu'il est effroyable de penser que l'un des douze, qui avait prêché et guéri au nom de Jésus, soit parvenu à une fin aussi sinistre et soit allé à la place qui était la sienne (Ac 1.25). Judas Iscariot avait été appelé par Jésus, avait répondu à cet appel, avait marché avec lui et servi avec lui pendant trois ans. Pourtant Satan "entra en lui", trouvant le moyen de le faire dans l'amour que Judas avait de l'argent. Lui qui aurait pu être un fils d'adoption a fini fils de perdition (Jn 17.12).

Il n'est pas étonnant que les auteurs apostoliques exhortent constamment les croyants à être sobres et à veiller, à se confier dans le Seigneur et non en eux-mêmes. Il y a un type de fausse confiance qui s'apparente à de la suffisance: "Ainsi donc, que celui qui pense être debout prenne garde de tomber!" (1 Co 10.12; tirant ainsi pour les croyants la leçon de l'échec de tant d'Israélites à entrer dans la terre promise).

Il est temps de résumer ce chapitre. Les croyants comme les incroyants ont des raisons de se voir rappeler les dangers de l'enfer. Mais, si l'enseignement de Jésus est notre guide, ce rappel est encore plus nécessaire pour ceux qui se sont engagés à le suivre et à le servir. Cette conclusion, fondée sur des considérations contextuelles, se trouve en contraste aigu avec l'application traditionnelle de cette doctrine. Elle n'apporte pas seulement une nouvelle perspective pour notre compréhension, mais elle pourrait ôter l'une des principales raisons pour lesquelles les prédicateurs trouvent le sujet si déplaisant et les auditeurs le trouvent si choquant (voir chapitre 7).

Pour les croyants comme pour les incroyants, il semble si facile d'aller en enfer et si difficile d'aller au ciel (en fait, Jésus lui-même est d'accord sur ce point; Mt 7.13-14). En considérant le grand nombre de choses que nous avons faites ou omis de faire et qui peuvent nous y envoyer, l'enfer devrait apparaître moins comme un risque que comme une certitude absolue, si nous étions laissés à nous-mêmes. Mais nous n'avons pas été abandonnés, toutes les ressources du ciel ont été mises à notre disposition. Il n'est nul besoin que quiconque termine en enfer. Jusqu'ici, ce livre a surtout apporté de mauvaises nouvelles. Tournons-nous maintenant vers les bonnes.

5

LE SAUVETAGE

Aucun livre sur l'enfer ne serait acceptable aux yeux de Dieu, ni à ceux de quiconque, sans un chapitre sur le moyen d'éviter d'y aller. S'il n'y avait pas d'issue de secours, il vaudrait mieux garder le silence sur ce sujet. Ceux dont la destinée est d'y aller pourraient au moins avoir le droit de jouir des plaisirs du péché pour un temps, sans la pensée harcelante qu'ils auront un jour à le payer. Pourquoi gâcher leur joie temporaire avec l'idée troublante d'une misère éternelle? Ne parle-t-on pas de bienheureuse ignorance?

D'autre part, s'il existe pour quelqu'un un moyen de ne pas y aller, alors il faut sûrement en parler à tout le monde. Et il y en a une! La voie est peut-être étroite et découverte par peu de personnes (Mt 7.14); mais elle est ouverte à tous. Il n'y a aucun besoin qu'un être humain quelconque passe le reste de son existence dans ce lieu effrayant. Pour dire les choses de façon plus positive, tout être humain a la possibilité de passer l'éternité au ciel.

Pour aller au ciel, deux qualifications sont requises: le pardon et la sainteté. Le pardon efface notre passé pécheur; la sainteté nous prépare à un avenir sans péché. Il nous est également impossible de nous pardonner nous-mêmes et de nous rendre saints. La bonne nouvelle est que ce qui est impossible aux hommes est possible à Dieu. Il a la capacité et la volonté d'accorder tant le pardon que la sainteté, comme des dons gratuits de sa grâce, à celui qui se repent de ses péchés et croit en sa puissance pour sauver.

Une telle déclaration sonne comme un cliché typique de prédication. Le salut est gratuit, mais il n'est cependant pas à bon marché, ni pour le Seigneur ni pour nous. Pour lui, le prix a été la mort de son Fils unique sur la croix. Pour nous, il consiste à prendre chaque jour la nôtre et à le suivre. Qui donc a dit que le prix d'entrée n'est rien mais que la souscription annuelle est tout?

Toutes les ressources divines sont maintenant à notre disposition, mais nous devons nous en emparer. Dieu a fait tout ce qui était possible et nécessaire pour nous sauver de l'enfer, si ce n'est de nous forcer à accepter son remède. Nous restons libres de résister à son Esprit et de refuser son salut.

Quatre personnes, trois divines et une humaine, sont impliquées dans chaque fuite de l'enfer. Bien qu'elles agissent ensemble, il peut être plus commode de les étudier chacune séparément.

L'affection du Père

Dieu a créé la race humaine parce qu'il jouissait tellement de son Fils unique qu'il désira avoir une plus grande famille, afin d'amener beaucoup de fils à la gloire. Même après que ceux à qui était promise une si merveilleuse destinée eurent refusé d'être ses enfants obéissants et aimants, son amour pour eux continua à être fort au point qu'il fut prêt à faire un sacrifice suprême pour les gagner à nouveau (Jn 3.16 est, à raison, la déclaration la plus largement connue des Ecritures concernant cette vérité étonnante).

Jusqu'ici nous avons presque exclusivement considéré l'enfer sous un point de vue humain: à quoi ressemblerait le fait d'y être envoyé. Peu s'arrêtent à le considérer sous le point de vue divin: ce que Dieu pourrait ressentir en nous y envoyant. Trois aperçus pourraient nous aider à l'évaluer.

Premièrement, Dieu n'avait jamais conçu l'enfer pour les êtres humains. Comme nous l'avons déjà vu (au chapitre 3), il a été "préparé pour le diable et pour ses anges" (Mt 25.41). En tant que créatures "immortelles" (en fait, ayant été créés un jour, ils ne "peuvent mourir"; Le 20.36), ils devront être, un jour, complètement isolés du ciel et de la terre de Dieu. Pour eux, il ne peut y avoir la moindre chance de fuir l'enfer. Ayant autrefois connu le ciel même et l'ayant rejeté, même le sang de Jésus ne peut rien faire pour eux (Hb 2.16).

Deuxièmement, Dieu ne prend aucun plaisir dans la mort des êtres humains méchants; il connaît la joie quand ils se détournent de leur méchanceté et se tournent vers lui (Ez 18.23). L'idée que l'enfer donnerait à un Dieu de vengeance la satisfaction de tourner le dos à ceux qui l'ont insulté ne pourrait être plus éloignée de la vérité. Il est même diffamatoire de la suggérer. Ceux qui le font n'ont jamais seulement commencé à comprendre ce que signifie le mot "perdu" (le fils prodigue savait fort bien où il était; il n'était "perdu" que pour son père au cœur brisé). On ne peut qu'imaginer les sentiments de Dieu quand il a dû considérer comme "une ordure" l'une quelconque des créatures qui avait un jour porté son image. Cela ne peut qu'engendrer une profonde douleur, pas un malin plaisir. Dieu n'est pas sadique.

Troisièmement, il a déjà fait tout ce qu'il pouvait pour nous sauver d'un tel sort. Nous l'avons déjà établi, mais on ne le répétera jamais assez: Dieu s'est engagé dans un travail de recyclage des ordures, de restauration des créatures déchues à leur condition et leur dessein originels, de relèvement des ruines, de sauvetage des perdus (merveilleusement illustré par le retour de l'esclave Onésime, nom qui signifie "Utile", auprès de son maître; Phm 11). C'est à cela qu'il prend vraiment plaisir, c'est là l'œuvre qu'il aime faire.

Il n'a pas non plus attendu que nous manifestions notre désir d'être sauvé avant d'entreprendre quelque chose en notre faveur. C'est lui qui a eu l'initiative, pas nous. Il nous a aimés avant que nous l'aimions. Il a choisi de nous sauver bien avant que nous choisissions de l'être. Bien que nous ne le cherchions pas, il est venu nous chercher (et nous sauver). C'est la raison pour laquelle ceux qui sont entrés dans ce processus de salut savent qu'ils étaient prédestinés à une telle faveur et un tel avenir (il ne s'ensuit pas inversement que ceux qui ne sont pas sauvés ont été prédestinés à l'échec).

La grâce salvatrice de Dieu est venue à nous par son Fils.

L'expiation du Fils

De ses lèvres, Jésus nous a donné toutes les informations dont nous avions besoin concernant l'enfer, y compris le genre de comportement qui qualifie quelqu'un à y aller. Par sa vie, il nous a montré le genre de comportement qui nous qualifie pour le ciel. Mais ce qu'il a dit et fait ne pourrait que nous conduire au désespoir, comme ce fut le cas pour l'un de ses compagnons ("Seigneur, éloigne-toi de moi parce que je suis un homme pécheur"; Lc 5.8). Ceux qui se contentent de considérer Jésus comme un bon exemple à suivre, n'ont jamais essayé de le suivre!

C'est au travers de sa mort, de son ensevelissement et de sa résurrection, que Jésus a rendu possible d'éviter l'enfer et d'entrer au ciel. Il est descendu en enfer et monté ensuite au ciel, inaugurant ainsi la voie, jetant un vif éclat sur le chemin à suivre (démonstration faite dans l'épître aux Hébreux 2.10).

Il est descendu aux enfers. Ce n'est pas quelque chose qui est arrivé après sa mort (comme semblent le laisser croire les anciennes versions du Symbole des Apôtres; les versions modernes ont à raison changé "aux enfers" par "au séjour des morts", c'est-à-dire le monde des esprits désincarnés). Non, il a connu l'enfer quand il était encore dans son corps, pendant les trois dernières des six heures qu'il a passées sur la croix.

L'enfer est une obscurité totale et de midi à trois heures

de l'après-midi ce jour-là Jésus est resté dans cette obscurité. Tout comme l'étoile avait brillé avec éclat à sa naissance, le soleil s'est éclipsé à sa mort (ni l'un ni l'autre de ces événements n'était "naturel»; ils étaient tous deux des signes surnaturels, indiquant la signification exceptionnelle du moment où ils se sont produits). L'enfer est également un lieu où on a soif et au cours de cette période Jésus cria: "J'ai soif». On lui offrit du vinaigre (ce qui aurait pu augmenter sa soif) et du vin (qu'il refusa, ayant fait le vœu de ne pas en boire jusqu'au complet avènement du royaume). Par-dessus tout, l'enfer est un lieu où Dieu n'est pas, car il est la séparation d'avec Dieu; d'où le cri d'abandon de Jésus: "Mon Dieu, mon Dieu, pourquoi m'as-tu abandonné?" (tiré du Psaume 22, qui est une remarquable prédiction des souffrances de Jésus, surtout quand on pense que son auteur, le roi David, n'avait jamais été témoin d'une crucifixion, et donc n'en connaissait pas les affres).

Pour la première fois dans l'éternité, le Fils avait perdu le contact avec son Père, ce qui signifiait aussi, au niveau humain, la compréhension de ce qui se passait. A notre manière bien faible, nous pouvons participer à sa perplexité; nous aussi, nous avons été parfois à ce point submergés par la douleur et la solitude que nous avons laissé échapper un "Pourquoi?" angoissé.

Mais nous savons maintenant pourquoi il a tant souffert. Et il l'a su également, aussi bien avant qu'après ces heures sombres, même s'il ne le savait pas pendant. Il payait le prix de notre libération de l'esclavage du péché, une "rançon pour beaucoup" (Mc 10.45). Sa mort était un sacrifice expiatoire, une propitiation pour nos péchés (Rm 3.25). Celui qui n'avait pas connu le péché était "fait péché" à notre place (2 Co 5.21). Il portait nos péchés dans son corps sur le "bois" (1 P 2.24). Il a pris notre place comme un criminel condamné. Il a été notre substitut dans la mort.

Le pardon est maintenant possible. Il est inscrit dans son sang. L'amende a été payée, la dette est annulée. Mais la croix signifie également que le péché non pardonné doit être désormais puni; Dieu ne peut plus fermer les yeux, ni l'excuser (Ac 17.30; Rm 3.25). Depuis le calvaire, le monde est entré dans une nouvelle relation avec son Créateur, avec une expression potentielle beaucoup plus grande de sa justice et de sa miséricorde. Tant le ciel que l'enfer est largement ouvert.

Il est monté au ciel. Dieu a justifié son Fils. Les hommes l'avaient condamné en disant qu'il méritait la mort; Dieu l'a ressuscité avant que son corps ne se corrompe. Les hommes s'étaient moqués de sa prétention à être leur roi; Dieu lui remit toute autorité sur la terre et dans le ciel. Jésus est désormais Seigneur.

Il est allé nous préparer une place. Il intercède pour nous. Il reviendra et nous prendra pour que nous soyons avec lui. Il est le maître absolu de toutes les forces déployées contre nous, y compris le diable et tous ses démons.

En passant le premier, il nous a ouvert le chemin du ciel, et nous avons la possibilité de suivre ses traces. Mais en sommes-nous *capables*? Même une fois notre passé expié, nos péchés pardonnés et notre relation avec Dieu restaurée, comment pourrions-nous jamais parcourir le chemin que Jésus a parcouru, vivre comme il a vécu? Nous avons le pardon par lui, mais où obtiendrons-nous la sainteté?

Il a la réponse à cela aussi. Dans le sens le plus profond, il est la réponse, parce qu'il est justice (1 Co 1.30) et nous pouvons devenir justice de Dieu en lui (2 Co 5.21). C'est un échange étonnant: il prend nos péchés, nous prenons sa justice!

En d'autres termes, Christ est un *double* substitut. Il a pris notre place dans la mort et dans la vie. Il meurt pour nous et il vit en nous. Mais comment une telle chose est elle possible? Comment peut-il vivre en nous ici-bas sur la terre quand il est maintenant là-haut dans le ciel?

L'assistance de l'Esprit

C'est ici qu'intervient la troisième personne de la Trinité. Il a toujours existé et a été présent au sein du peuple d'Israël de temps en temps, les oignant de dons et grâces surnaturels. Il était d'une façon toute spéciale avec Jésus, depuis son baptême (Lc 3.21-22) et sa tentation (Lc 4.1) jusqu'à sa mort (Hb 9.14) et sa résurrection (Rm 8.11). Il avait été "près" des disciples qui suivirent Jésus, mais il sera plus tard "en" eux (Jn 14.17).

Une des premières choses que Jésus fit une fois monté au ciel, fut de demander à son Père d'envoyer l'Esprit pour prendre la place qu'il avait eue quand il était sur la terre comme "celui qui encourage", "celui qui se tient aux côtés" de ses disciples (ces deux titres sont de meilleures traductions du mot grec *parakletos* que le mot plutôt anémique "Consolateur"). De même qu'il était mort pour eux à la fête juive de la Pâque, il est venu vivre en eux (par son Esprit) à la fête suivante de la Pentecôte. Il leur avait dit qu'il serait préférable pour eux d'avoir cette présence intérieure et invisible (toujours et partout) que d'avoir sa présence extérieure et visible.

La sainteté est maintenant possible, car il est l'Esprit *Saint*. La sainteté n'est plus une question d'apparence extérieure, qui conduit si aisément au mieux à l'orgueil, au pire à l'hypocrisie (comme chez les Pharisiens); c'est une transformation intérieure des mobiles et des désirs, conduisant à un comportement et des relations justes.

La sainteté est le fruit de l'Esprit: un fruit (singulier) aux neuf saveurs (Ga 5.22-23): amour, joie et paix dans le Seigneur; patience, bonté et bienveillance (générosité) envers les autres; fidélité, douceur, maîtrise de soi en soi-même. C'est le caractère même de Jésus, fidèlement reproduit en ceux qui "marchent dans l'Esprit". Cependant, comme tout fruit, il lui faut du temps pour se former et mûrir.

Le processus n'est pas non plus automatique ni inéluctable. Les sarments doivent "demeurer" sur le cep ou ils ne porteront pas de fruit (Jn 15.4). Les croyants doivent "rechercher... la sanctification sans laquelle personne ne verra le Seigneur" (Hb 12.14). Nous avons un rôle à jouer.

L'adhésion du croyant

Bien que le Père, le Fils et l'Esprit Saint travaillent ensemble à nous sauver de l'enfer, en plaçant à notre portée le pardon et la sainteté (le royaume est "proche"), notre coopération active est indispensable. Les dons doivent être reçus et utilisés. Il faut réclamer les offres gratuites.

Christ est mort pour les péchés du monde entier (même Calvin le croyait). Mais c'est une évidence patente que le monde entier ne jouit pas du pardon et ne connaît pas la sainteté. Que manque-t-il? La quatrième personne nécessaire pour compléter le tableau: vous-même!

Le premier nom qui fut donné à la nouvelle foi des disciples est: "la Voie". C'était une nouvelle voie pour vivre (et mourir). C'était la voie qui mène au ciel. Au cœur de cette foi, il y avait la relation personnelle avec le Jésus qui avait dit de lui-même: "Je suis le chemin" (Jn 14.6).

Mais le terme "voie" implique une route à suivre, un voyage à achever. Ce sont ceux qui achèvent, et non pas ceux qui commencent, qui parviennent à destination. Une bonne fin est tout aussi nécessaire qu'un bon début. La course est gagnée au poteau d'arrivée, par ceux qui tendent vers le but pour remporter le prix (Ph 3.12-14; Hb 12.1-2).

La première chose à faire est de *prendre la route*. Un bon départ est d'une grande aide, tout comme un mauvais départ peut être un véritable handicap. Il y a quatre démarches initiales à faire pour prendre un bon départ. La première est de se repentir (quitter le mauvais chemin, la voie large qui mène à la destruction). La seconde est de croire en Jésus (en lui faisant confiance pour qu'il fasse ce qu'il a dit et en obéissant à ce qu'il nous dit de faire). La troisième est d'être baptisé (submergé dans l'eau comme un enterrement de notre vieille vie qui est morte et comme un bain pour nous permettre de démarrer propre dans la vie nouvelle). La quatrième est de recevoir l'Esprit Saint, en étant rempli consciemment jusqu'à déborder, en général par la bouche. (Voir mon livre *La Naissance normale du chrétien*, pour une présentation plus détaillée de ces quatre étapes.)

Hélas, nombre de disciples ont "mal vu le jour", passant à côté de l'une ou de plusieurs de ces étapes vitales. Ils ne voyagent pas le long du chemin aussi vite que ceux qui ont bien commencé. Mais il n'est jamais trop tard dans cette vie pour remédier à ce qui a pu manquer; en fait, il est urgent de le faire dès que possible. Une voiture marche mieux quand ses quatre cylindres fonctionnent!

Même ceux qui ont été "mis au monde correctement" peuvent faire l'erreur de penser qu'ils sont arrivés (ou, au moins, qu'ils ont leur billet pour le ciel et sont montés à bord d'un train qui les y emmènera sans changement). La vie chrétienne est une marche, pas une promenade. Etre né de nouveau c'est être parti dans la bonne direction, avoir commencé le voyage (que John Bunyan a imagé de façon si vivante dans le *Voyage du pèlerin*). Les chrétiens ne sont pas arrivés, ils sont "sur la Voie".

La deuxième chose à faire est de *rester sur le chemin*. La foi chrétienne est dynamique, pas statique. Une vie sainte est une marche avec Dieu, car Dieu est un Dieu qui marche et nous perdrons vite contact avec lui si nous ne marchons pas à son rythme. Jésus marcha avec ses disciples (la plupart de ses enseignements et de ses guérisons eurent lieu "en chemin") jusqu'à sa mort et après sa résurrection (Le 24.13-35); il marche maintenant au milieu des chandeliers (les Eglises; Ap 2.1) et même au ciel nous marcherons avec lui (Ap 3.4).

Le Nouveau Testament regorge d'avertissements concernant ceux qui n'ont pas réussi à arriver à destination. L'échec de la majorité des esclaves hébreux qui quittèrent l'Egypte pour atteindre Canaan est utilisé par trois auteurs apostoliques comme un avertissement pour les croyants (en 1 Co 10; Hb 4 et Jude). Les chrétiens courent tout autant le risque d'être "retranchés" que les Juifs, à moins qu'ils ne "demeurent" dans la bonté de Dieu (Rm 11.22). Dieu peut nous garder de la chute, pourvu que nous restions dans son amour (Jude 21, 24).

Rester sur le chemin est synonyme de demeurer en Christ, ce qui signifie continuer à croire en lui. Le mot "foi" est le même que le mot fidélité, aussi bien dans la langue grecque que dans la langue hébraïque. Faire confiance à quelqu'un, c'est continuer à lui faire confiance, quoi qu'il arrive. Le verbe "croire" (plus fréquent que le substantif dans le Nouveau Testament) est souvent au temps présent, qui en grec est appelé "présent continu", parce qu'il se réfère à une action qui se poursuit, à *continuer* de faire quelque chose ou le faire *en ce moment*. Quelle différence pour certains textes bien connus et aimés: "Car Dieu a tant aimé le monde qu'il a donné son Fils unique, afin que quiconque continue à croire en lui (ou, croire en lui en ce moment) ne périsse pas, mais qu'il continue à avoir (ou, ait en ce moment) la vie éternelle" (Jn 3.16; le même temps est employé en 20.31).

Ceux qui ne retiennent pas fermement la parole auront cru en vain (1 Co 15.2). Il est possible de faire naufrage en ce qui concerne la foi (1 Tm 1.19). Nous devons nous efforcer d'autant plus d'affirmer notre vocation et notre élection (2 p 1.10; remarquez que cela *nous* incombe). Ceux qui vaincront n'auront pas leur nom effacé du livre de vie de l'Agneau (Ap

3.5; l'implication pour ceux qui ne sont pas vainqueurs est évidente). Ceux qui persévéreront jusqu'à la fin seront sauvés (Mc 13.13). La lettre aux Hébreux est remplie d'appels à "poursuivre" et d'avertissements sur les conséquences d'une "dérive" (2.1-3; 3.6, 12-14; 6.4-12; 10.23-27; 12.3, 14). Les sarments qui ne demeurent pas sur le cep sont en fin de compte "jetés au feu et brûlés" (Jn 15.6).

Une telle ligne d'enseignement provoque en général deux questions, voire objections. La première, cela n'enseigne-t-il pas le salut par les œuvres, que nous nous sauvons nous-mêmes par nos propres efforts? La deuxième, cela ne détruit-il pas l'assurance, notre certitude intérieure d'aller au ciel?

La première question est posée par ceux qui soulignent la souveraineté de Dieu. Le salut, selon eux, dépend uniquement de l'élection qu'il fait de certains individus. On ne peut résister à cette grâce prédestinatrice et elle nous conduira sans faute à la repentance et à la foi, garantissant la persévérance des saints et une arrivée certaine au ciel. Il s'ensuit que, puisque seuls quelques-uns sont élus, Dieu ne veut pas que tous les hommes soient sauvés; et que Christ n'est pas mort pour tous les hommes, mais seulement pour les élus, puisqu'il est inconcevable que l'expiation qu'il a faite n'accomplisse son but qu'imparfaitement. Fait ironique, ceux qui défendent ce schéma de pensée (appelés généralement "Calvinistes" ou "Réformés") sont ceux qui ont tenu avec la plus grande fidélité à la compréhension traditionnelle de l'enfer, tout en niant qu'il ait un quelconque rapport avec les croyants élus. Leur motivation est louable: ils cherchent à exalter la grâce et la miséricorde de Dieu en niant à l'homme déchu de penser, dans son orgueil, apporter une quelconque contribution à son propre salut. Tout vient de Dieu du début à la fin, même la décision qui conduit au salut; nous n'avons qu'une seule chose à faire, adorer la miséricorde qui a choisi de sauver, malgré eux, quelques pécheurs. Toute allusion à une dépendance du salut sur la continuation de notre foi, ou même sur notre démarche initiale de foi, est anathème, un transfert de la gloire de Dieu à l'homme.

Que pouvons-nous dire à cela? En un mot: *coopérer n'est pas contribuer.* Un passager d'un bateau tombe par-dessus bord. Un membre de l'équipage lui envoie une corde en lui criant: "Attrapez". Quand l'homme en détresse l'attrape, il lui crie à nouveau: "Maintenant, tenez bon jusqu'à ce que je vous aie hissé sur le pont". L'homme est sauvé. Par qui? Le passager revendiquera-t-il jamais de s'être sauvé lui-même? Sera-t-il fier de sa "contribution" à son sauvetage? Ou sera-t-il tellement plein de gratitude pour son sauveteur que de telles pensées ne lui traverseront pas même la tête? S'il était sauvé par les œuvres, c'était par celles de son sauveteur; ses propres actes se bornant à la foi en ce sauveteur. En aucun cas il ne considérera ses actes comme méritant, gagnant ou même "dignes de" son salut. C'étaient les actes désespérés d'un homme qui ne pouvait pas se sauver lui-même et qui a mis toute sa confiance en quelqu'un d'autre.

La foi n'est pas passive, elle est active. La foi sans l'action est morte, elle ne peut sauver (Je 2.14, 26; c'est une tragédie que, dans la plupart des traductions, le mot "œuvres" ait été employé dans ce verset, causant une contradiction apparente avec Paul, que Luther même à mal comprise). Cette foi active est notre réponse responsable à la grâce imméritée de Dieu. Nous coopérons à notre salut, nous n'y contribuons pas, quand nous nous emparons de Christ par la foi au début du chemin et nous nous tenons ensuite fermement agrippés à lui tout le long du chemin, jusqu'à ce qu'il nous amène en sécurité au ciel.

Car le salut est un processus, qui a commencé mais qui n'est aucunement terminé. Nous *avons été* sauvés (du salaire du péché par la justification), nous *sommes en train d'être* sauvés (de la puissance du péché par la sanctification) et nous *serons* sauvés (de la présence du péché par la glorification); ces trois temps du verbe "sauver" sont employés dans le Nouveau Testament. Le processus ne sera achevé que lorsque Jésus apparaîtra pour la deuxième fois, non plus pour porter le péché, mais pour porter le salut à ceux qui l'auront attendu (Hb 9.28).

Quelle est donc la signification de cela pour la doctrine de l'assurance? De quoi pouvons-nous être sûrs maintenant? Nous pouvons être sûrs d'être "en train d'être sauvés", d'être "en chemin" vers le ciel. Mais cette assurance n'est pas fondée sur une déduction syllogistique des Ecritures (la Bible le dit, je le crois, la question est donc tranchée), ni sur une décision simpliste pour Christ (j'ai prononcé la prière du pécheur). Elle découle d'une relation, dans laquelle on est non seulement entré, mais dont on continue de jouir. En marchant avec le Seigneur, "l'Esprit lui-même continue de rendre témoignage à notre esprit que nous sommes enfants de Dieu" (Rm 8.16; encore le présent continu). Quand nous marchons dans la chair au lieu de l'Esprit, une des premières choses à en souffrir est ce témoignage de l'Esprit. Nous perdons notre assurance.

Ainsi nous pouvons et devons être sûrs de nous diriger vers le ciel, mais nous ne pourrons être sûrs d'y être parvenu qu'une fois arrivés. Un journaliste de la B.B.C. demanda un jour à Billy Graham quelle serait sa première pensée en arrivant au ciel, Billy Graham répondit sur-le-champ: "Ouf!" John Bunyan écrit à la fin du *Voyage du pèlerin:* "Et je vis un chemin qui conduit en Enfer, même de la porte du Ciel". Paul a conservé une saine peur d'être disqualifié après avoir prêché aux autres (1 Co 9.27).

Pour terminer sur une note positive, il n'est pas nécessaire d'échouer. Le Père, le Fils et l'Esprit Saint étant avec nous, qui pourrait tenir contre nous, si ce n'est nous-mêmes. Nous sommes sauvés par grâce (ses œuvres et non les nôtres) par le moyen de la foi, de la foi continuelle et persévérante. Le pardon est donné à ceux qui continuent de croire (et continuent de se repentir et de confesser; 1 Jn 1.9). La sainteté est donnée à ceux qui continuent de croire (à mesure que nous continuons à faire confiance et obéir, il peut achever la bonne œuvre qu'il a commencée en nous; Ph 1.6). Tout est à nous en Christ (1 Co 3.21-23). Sa divine puissance nous a donné tout ce qui est nécessaire pour le vie et la piété (2 P 1.3); il nous incombe d'affirmer notre vocation et notre élection (2 P 1.10).

Si quelqu'un se retrouve en enfer, il ne pourra s'en prendre qu'à lui-même. Si quelqu'un se retrouve au ciel, il ne pourra louer personne d'autre que le Seigneur.

6

LE CONTRAIRE

Il n'y a que deux destinations futures ouvertes à la race humaine: le ciel ou l'enfer. Tout être humain finira dans l'un ou l'autre de ces lieux. Ils ne pourraient être plus dissemblables; en fait ils sont l'exact opposé l'un de l'autre. Tout ce qu'on peut dire positivement du ciel pourrait être dit négativement de l'enfer (et vice-versa). L'un des endroits est aussi bon que l'autre est mauvais.

Le ciel est le contraire de l'enfer. La lumière du ciel fait paraître encore plus sombre l'obscurité de l'enfer. La communion avec Dieu dans le ciel rend la séparation d'avec lui en enfer encore plus terrible. Les rues pavées d'or du ciel contrastent de façon frappante avec les ordures pourrissantes de l'enfer.

Ce chapitre est consacré au ciel. Je ne l'ai pas inclus dans le seul but d'apporter une diversion agréable aux horreurs et à la misère de l'enfer. Ceux qui iront en enfer seront parfaitement conscients de ce qu'ils auront manqué; la connaissance du ciel fera partie de leur angoisse (cf. Mt 8.11-12). Il n'est pas étonnant qu'il y ait "des pleurs et des grincements de dents".

La raison principale de l'insertion de ce chapitre est que le désir de fuir l'enfer est essentiellement mû par un mobile négatif et il est nécessaire qu'il soit renforcé par le désir positif d'entrer au ciel. Ce n'est que lorsque ces deux aspects s'associent et s'équilibrent qu'il y a une compréhension véritable de la nécessité d'un "plein" évangile, qui comprend la sanctification aussi bien que la justification, la sainteté aussi bien que le pardon, les deux étant des dons gratuits de la grâce divine à ceux qui vivent par la foi.

L'existence de l'enfer est contestée, pour des raisons évidentes, même parmi les croyants. Celle du ciel n'est guère remise en question, à nouveau pour des raisons évidentes, si ce n'est parmi des incroyants. On a élevé deux critiques à l'encontre de l'enseignement de l'Eglise sur le ciel.

Certains estiment que c'est *une illusion inoffensive*. Produit de l'imagination humaine, il serait une compensation auto-induite pour l'inconfort et les difficultés de la vie telle que nous la connaissons. Des portes de perles et des rues d'or appartiennent au domaine des contes de fée (quelle est la différence entre les fées et les anges, de toute façon?).

Alors on raconte des blagues sur le ciel (faisant en général intervenir l'accueil par Saint Pierre). Elles expriment les doutes de celui qui les raconte concernant l'idée dans son ensemble. Ce scepticisme déguisé prend encore la forme de questions "embarrassantes", qui laissent entendre que le fait de croire au ciel est ridicule. Le "problème" des Sadducéens concernant la femme sept fois veuve après sept mariages sans enfants (événement statistiquement improbable, à tout le moins!) appartient à cette catégorie. Quel mari la revendiquerait au ciel? Jésus corrigea leur présupposé erroné suivant lequel les relations terrestres continueraient de s'appliquer, mais il les reprit fermement pour leur incrédulité sous-jacente en une existence corporelle au-delà de la tombe, qui était la véritable pensée voilée derrière leur énigme (Lc 20.27-38).

D'autres considèrent le ciel comme *une distraction dangereuse*. Il a pour eux les relents d'une fuite de la réalité qui incite les hommes à se contenter de l'injustice ici-bas en promettant une compensation plus tard (les spirituals "noirs" chantés par les esclaves sur les plantations de coton sont souvent cités en exemple). Charles Kingsley (le pasteur anglican qui, au siècle dernier, a écrit le conte *Les bébés de l'eau)* fut le premier a avoir utilisé l'expression "l'opiat du peuple" pour une religion détachée des contingences de ce monde. Karl Marx s'empressa de relever l'accusation, bien qu'il en changeât le libellé pour "opium".

C'est pourquoi le monde a de plus en plus critiqué l'Eglise d'être "si préoccupée du ciel qu'elle n'était d'aucune utilité sur terre". Hélas, l'Eglise a été si sensible à cette accusation qu'elle est tombée dans l'extrême opposé. Prompts a commenter les questions sociales et politiques du jour, les prédicateurs semblent réticents à parler du monde à venir. La prédication concernant le ciel s'est raréfiée avec celle sur l'enfer.

Pourtant l'éternité est beaucoup plus longue que le temps. La vie ici-bas est courte et vite passée. Si nous croyions réellement n'être que des voyageurs qui nous préparons pour une existence beaucoup plus longue ailleurs, nous devrions assurément nous fixer comme tâche primordiale de rappeler aux autres cet avenir, de nous assurer qu'ils se dirigent vers la bonne destination et de les aider sur le chemin qui y mène. Nous parlerions bien davantage du ciel. Qu'aurions-nous à dire?

"Ciel" a plusieurs sens différents dans les Ecritures. Le sens le moins élevé se réfère à l'atmosphère qui entoure la terre, dans laquelle volent oiseaux et insectes. Le sens suivant se réfère à la "voûte céleste", dans laquelle brillent les étoiles (ce que nous appellerions "l'espace"). La pensée hébraïque concevait diverses "couches" (Paul visita le "troisième ciel", dans ce qui a sans doute été une "expérience extra-corporelle"). "Le plus haut des cieux" était l'habitation de Dieu, au-dessus de sa création.

La distance entre le ciel et la terre est une clef de l'enseignement biblique concernant le ciel. Elle est relative étant donné qu'elle est mesurée en termes plus spirituels que physiques. A la création, ils étaient si proches que Dieu, le «Très-Haut" pouvait parcourir le jardin d'Eden (Gn 3.8). Mais la révolte et la chute de l'homme (et de la femme) créa un grand abîme sous-jacent à tout le reste de l'Ancien Testament. Dieu semble distant, très lointain. Pour lui parler, il faut l'invoquer; l'adoration doit être un bruit joyeux! Le rêve de Jacob, une longue échelle qui s'étire de la terre jusqu'au ciel, est typique et explique l'importance des anges dans l'Ancien Testament: ils font office de messagers médiateurs; même la loi de Moïse a été apportée par des anges (Hb 2.2).

Le changement dans le Nouveau Testament est frappant. Dans la personne de Jésus, le ciel touche à nouveau la terre. Le royaume des cieux est "proche" (à portée de main). Une des déclarations les plus frappantes que Jésus ait jamais faites a été: "Personne n'est monté au ciel, sinon celui qui est descendu du ciel, le Fils de l'homme *qui est dans le ciel»* (Jn 3.13; les italiques sont de moi). Ainsi il n'a pas quitté le ciel pour venir ici; il l'a amené avec lui!

Nous avons déjà vu que la plupart des informations concernant l'enfer viennent des lèvres mêmes de Jésus; cela est également vrai pour le ciel. En dernier ressort, c'est dans son témoignage que nous devons placer notre confiance; et ce témoignage en entier, y compris ce que son Esprit dit aux Eglises dans l'Apocalypse. Jésus connaissait le scepticisme humain à propos de ce qu'il savait: "Si vous ne croyez pas quand je vous ai parlé des choses terrestres, comment croirez-vous quand je vous parlerai des choses célestes?" (Jn 3.12). Il a proclamé qu'il n'aurait jamais suscité de faux espoirs sur un sujet aussi important: "Il y a beaucoup de demeures dans la maison de mon Père. Sinon, je vous l'aurais dit" (Jn 14.2). Quand il est monté au ciel, il ne faisait que rentrer à la maison. Le ciel était, et est encore, la place qui est la sienne.

C'est aussi la véritable place de ceux qui croient en lui. Il y a un sens bien réel sous lequel le ciel est déjà notre maison. Ceux qui ont été crucifiés, ensevelis et ressuscités avec lui (Ga 2.20; Rm 6.4) sont aussi montés au ciel avec lui et sont maintenant assis avec lui dans les lieux célestes (Ep 2.6). Bien que nos sens physiques nous rappellent trop fréquemment et fortement que nous sommes encore ici-bas sur la terre, notre véritable "vie est cachée avec le Christ en Dieu" (Col 3.3).

Quand nos corps mourront, nous n'aurons plus que la seule conscience de l'esprit et donc seulement celle de ces lieux célestes dans lesquels nous avons déjà été bénis (Ep 1.3). Nous aurons alors vraiment "quitté ce corps" et demeurerons "auprès du Seigneur" (2 Co 5.8). Bien que désincarnés (Paul dit: "dévêtus"), leur état sera néanmoins "de beaucoup le meilleur" (Ph 1.23).

Cela étant dit, il est probablement déroutant de décrire cette transition par l'expression "aller au ciel", comme on le fait souvent. Strictement parlant, le ciel est un "lieu" pour des esprits incarnés et il appartient par conséquent à cette troisième phase de notre existence qui se situe après la seconde venue de Jésus, la résurrection générale et le Jour du jugement. "Donc, si je m'en vais et vous prépare une place, je reviendrai et vous prendrai avec moi, afin que là où je suis, vous y soyez aussi" (Jn 14.3). Alors à quoi ressemblera cette "place"?

Un cosmos renouvelé

Dans la rédemption, le dessein de Dieu dépasse de loin le seul fait de faire entrer des personnes au ciel. Il a l'intention de racheter toute sa création, pas seulement ses créatures humaines. Il a pour but de "faire toutes *choses* nouvelles" (Ap 21.5). Ainsi, il y aura un nouveau ciel et une nouvelle terre, qui n'existent ni l'un ni l'autre à l'heure actuelle. En fait, il y aura un nouvel univers tout entier. L'univers actuel sera "passé" (terme employé usuellement pour la mort). Il sera détruit par le feu (2 P 3.10), ce qui signifie peut-être la fission de tous les atomes et la libération de toute leur énergie inhérente. Dans ce cas, le monde s'achèverait dans un holocauste nucléaire, mais déclenché par Dieu plutôt que par l'homme.

Beaucoup seront surpris d'apprendre qu'il y a un avenir pour la terre, ou plus correctement une terre à venir. L'Eglise s'est soit centrée sur le ciel au point de passer sous silence cette nouvelle terre (la laissant aux mains de certaines sectes), soit, au cours de ces dernières années, elle s'est à ce point souciée d'écologie pour l'ancienne terre que la nouvelle a été oubliée. Alors que les chrétiens devraient avoir une préoccupation légitime pour l'exploitation et la pollution qui dégradent notre planète, ils ne devraient pas partager la panique de ceux qui pensent que c'est la seule terre que nous aurons et que, si nous détruisons celle-ci, la race humaine s'éteindra. Le Dieu qui a fait ce monde peut en faire un nouveau, et il le fera. Il sera peuplé par ceux qui ont un sens des responsabilités envers leur Créateur et envers sa création (il est significatif de constater que le mot "nature" n'est pas employé dans les Ecritures, encore moins l'expression "Mère Nature"; les cultes de la déesse de la fécondité sont condamnés sans ambages comme idolâtrie).

La nouvelle terre (et le nouveau ciel) fourniront un environnement pour ceux qui auront reçu de nouveaux corps. En fait, la création tout entière gémit déjà de frustration en attendant la rédemption de nos corps (Rm 8.22-25). Notre espérance n'est pas seulement "d'aller au ciel", mais aussi de vivre dans un nouveau ciel et une nouvelle terre, dans lesquels nous serons capables de nous déplacer librement comme Jésus lors de son ascension. Les nouveaux ciel et terre seront aussi proches l'un de l'autre qu'ils l'étaient à l'aube de la création. Il est remarquable de noter l'étonnant parallélisme des deux derniers chapitres de la Bible avec les deux premiers; même l'arbre de vie réapparaît après une longue absence (Gn 2.9; Ap 22.2).

La vie sera, comme aujourd'hui, concentrée sur la ville; mais ce sera alors sur celle conçue et construite par Dieu lui-même et le Charpentier de Nazareth. Même Abraham était au courant de ce projet (Hb 11.10), ce qui peut expliquer qu'il fût content de quitter sa maison de briques, à l'âge de quatre-vingts ans, et de vivre sous une tente pour le restant de ses jours: un cas classique de contentement présent inspiré par la compensation à venir!

La "nouvelle Jérusalem" sera une vaste conurbation qui hébergera des millions de personnes, tout en étant à "échelle humaine" (les architectes urbanistes se sont penchés sur cette combinaison sans trouver de solution, mais Dieu en trouvera une idéale à ce problème). Les dimensions données signifient que la ville tiendrait tout juste à l'intérieur de la lune, si elle était creuse, ou, si on préfère, couvrirait les deux-tiers du continent européen. Comme sa largeur, sa longueur et sa hauteur seront identiques, elle aura la forme soit d'un cube, soit d'une pyramide.

Les matériaux dont elle est construite seront à la fois purs (l'or pur est plutôt blanc, presque transparent, que jaune ou vert comme nous le connaissons) et précieux (ce que nous appelons pierres précieuses). Ce dernier choix est remarquable, à la lumière des découvertes scientifiques modernes. Les pierres recensées dans l'Apocalypse sont extrêmement dures (7 ou plus sur l'échelle de Mohs) et sont toutes "anisotropes" à la lumière pure (quand on les regarde à la lumière réfractée au travers d'un filtre polarisé croisé, elles produisent, quelle que soit leur couleur d'origine, toutes les couleurs de l'arc-en-ciel dans une infinité de motifs). Il n'est fait usage d'aucune pierre "isotrope" (comme le diamant ou le rubis, qui perdent toute couleur dans une telle lumière). Il était impossible que le "Jean" qui écrivit l'Apocalypse soit au courant de cette différence. C'est là une autre preuve frappante de l'inspiration des Ecritures par Dieu. Il existe une autre distinction, qui aurait pu, elle, être connue à l'époque. Toutes les pierres utilisées ont une forme de cristal plus ou moins allongée, avec des angles saillants (trigonaux, tétragonaux ou hexagonaux) et sont donc plus faciles à assembler dans une construction, tandis que les pierres précieuses qui ne sont pas utilisées sont ramassées et arrondies (les cristaux sont "cubiques").

Un courant d'eau traversera la ville, trait commun à de nombreuses villes anciennes et nouvelles (à Brasilia comme à Canberra, toutes deux villes nouvelles, on a construit des barrages dans les vallées en amont pour créer cela). Les portes seront toujours ouvertes, car la sécurité ne posera pas de problème. Construite au ciel, elle sera transportée sur la terre (ainsi Dieu a été le premier à penser à la construction d'une ville dans l'espace!). Sa qualité esthétique sera à couper le souffle; comme l'apparition de la mariée le jour du mariage.

A quoi ressemblera la vie dans cette mégapole et ses environs?

La condition des rachetés

On peut décrire la vie dans le nouveau ciel et sur la nouvelle terre de deux façons: l'une négative (les traits de notre vie actuelle qui seront absents) et l'autre positive (les nouveaux traits qui seront présents). Nous en avons compté sept sous chaque catégorie et nous commencerons par la première.

Il n'y aura *pas de sexe*. Et cela ne nous manquera même pas! Jésus a clairement dit que nous serons "semblables aux anges" qui ne prennent pas de femme (comme les hommes) ni de maris (comme les femmes). Comme "ils ne pourront pas non plus mourir", ils n'auront pas besoin de se reproduire ou de fournir une vie de famille pour élever les jeunes (Le 20.35-36). Ainsi nos relations maritales ne durent que "jusqu'à ce que la mort nous sépare". Les relations de sang seront elles aussi dissoutes.

Il n'y aura *pas de souffrance*. On oubliera les hôpitaux; les docteurs et infirmières seront superflus. Les handicaps et les infirmités ne gâcheront pas nos corps "glorieux", bien que les cicatrices acquises au service du royaume puissent subsister comme "insignes honorifiques", comme ce fut le cas des marques des clous dans le corps du Seigneur Jésus (Jn 20.27). Paul en a eu beaucoup (2 Co 11.24-25; Ga 6.17).

Il n'y aura *pas de séparation*. La vie ici-bas est pleine "d'au revoir". La distance et la mort ne cesse d'interférer dans nos relations. Peut-être est-ce la raison pour laquelle "la mer ne sera plus" (Ap 21.1); personne ne partira outre-mer.

Il n'y aura *pas de deuil*. Une des déclarations les plus belles faites à propos de notre Père céleste est qu'il "essuiera toute larme de leurs yeux" (Ap 21.4), comme s'il disait: "Allons, allons, c'est fini; plus besoin de pleurer."

Il n'y aura *pas d'ombre*. La pure lumière (qui ne viendra pas du soleil) parviendra dans tous les coins et les recoins, et brillera tout le temps. Il n'y aura ni obscurité, ni nuit, ni lampadaires dans les rues d'or.

Il n'y aura *pas de sanctuaire*. Ni flèche, ni clocher, ni tour de temple ou d'église ne pointera à l'horizon. Tous les bâtiments seront résidentiels, aucun ne sera religieux (plus d'appels de fonds pour la reconstruction des cathédrales!). On adorera Dieu partout et en tout temps.

Il n'y aura *pas de péché*. Rien ne polluera ni ne souillera. L'orgueil et l'avarice, l'envie et la jalousie, la convoitise et les mensonges: tout aura disparu. Il n'y aura plus même de tentation, de fruit défendu (l'arbre de la connaissance du bien et du mal ne réapparaîtra pas avec l'arbre de vie). On pourra y jouir de tout librement. Ce sera le ciel!

Même ce qui est négatif est une bonne nouvelle; alors que dire de ce qui est positif?

Il y aura *du repos*. On ne s'assiéra ni ne s'allongera à ne rien faire, mais on marchera et travaillera sans fatigue. Une activité stimulante nous gardera constamment dans un état de fraîcheur; ce qui est l'essence de la "récréation". Mais la cause fondamentale du "repos" sera la paix intérieure de l'âme (*shalom*, premier mot que Jésus ait prononcé après sa résurrection) qui sera en parfaite harmonie avec elle-même, son environnement, ses compagnons et son Créateur.

Il y aura une *récompense*. Il ne faut pas concevoir le ciel comme une sorte de république socialiste égalitaire où tous sont égaux. Il y aura de grandes différences, des compensations pour une fidélité spéciale lors du séjour sur terre. Certains porteront des couronnes d'honneur et de gloire. Tous "resplendiront...comme des étoiles" (Dn 12.3), mais "une étoile diffère en éclat d'une autre étoile" (1 Co 15.41). Les persécutés et, en particulier, les martyrs recevront de grandes récompenses (Mt 5.11-12).

Il y aura *des responsabilités*. Nous servirons le Seigneur jour et nuit (Ap 7.15); des postes de vingt-quatre heures! Mais quel genre de travail sera-ce? Nous n'en avons aucune idée, mais ce que nous savons, c'est que la façon dont nous accomplissons notre travail ici sur la terre (quel que soit ce travail, celui d'une maîtresse de maison, d'un missionnaire ou d'un chauffeur de taxi) décidera de la qualité de travail que nous obtiendrons là-haut (le Seigneur ne s'intéresse pas tant à la nature du travail que nous faisons qu'à la façon dont nous le faisons).

Il y aura *des révélations*. Nous connaîtrons comme nous avons été connus (1 Co 13.12). Le Dieu qui sait combien de cheveux il y a sur notre tête (l'éventail moyen va de quatre-vingt-dix à cent vingt mille selon que nous sommes roux, châtains, ou blonds) partagera avec nous ses secrets. Nous obtiendrons les réponses à toutes nos questions théologiques (les Calvinistes et les Arminiens découvriront-ils qu'ils avaient tous raison?) et à celles concernant la providence (pourquoi il a permis les grands désastres et les tragédies personnelles).

Il y aura *reconnaissance*. Comment nous reconnaîtrons-nous, en particulier ceux qui sont morts très jeunes ou très vieux et dont les corps seront dans la fleur de l'âge? La réponse est: de la même façon que Pierre, Jacques et Jean ont reconnu Moïse et Elie sur la montagne de la Transfiguration sans les avoir jamais rencontrés puisqu'ils étaient morts ou avaient été enlevés des siècles auparavant. Ce sera par le moyen d'une cognition immédiate, d'une prise de conscience instantanée.

Il y aura *la justice*. Ce sera l'habitation de la justice (2 P 3.13). La bonté positive appartient vraiment à ce lieu et lui "siéra" parfaitement. Le ciel est la source de tout ce qui est juste. Le caractère tout entier de ce lieu non seulement paraîtra juste aux yeux et aux sentiments, il sera juste. Aucune pollution morale ne souillera l'environnement. Hélas, nous nous sommes si bien accoutumés au mal qu'il nous est presque impossible d'imaginer un monde sans lui. Pourtant il viendra.

Il y aura *des réjouissances*. Si les anges font la fête quand un pécheur se repent, quelle sera l'atmosphère quand les saints entreront au ciel? Et que ressentiront les pécheurs pardonnés quand ils prendront conscience qu'ils sont enfin sains et saufs à la maison, ayant laissé toutes les luttes et tous les problèmes derrière eux? Il n'est pas étonnant que le ciel soit dépeint comme une fête de réjouissance. Ce sera le plus grand banquet de tous les temps. Jésus boira à nouveau du vin (Mc 14.25) mais il a choisi d'être le garçon et de servir le repas (Lc 12.37; remarquez que le contexte nous rappelle que la fête est offerte à ceux qui sont vêtus comme il faut et qui dans l'attente se sont préparés). Toutefois le meilleur ne sera ni la nourriture, ni les boissons, mais la compagnie.

La communauté réconciliée

Le mot qui résume le mieux le ciel est "chez soi". Mais qu'est-ce qu'un chez soi? N'est-ce qu'un endroit où l'on vit? Non. C'est un chez soi. Ce qui fait d'une maison un chez soi, ce ne sont pas les biens personnels ou les meubles familiers, mais des relations détendues. Chez soi, c'est là où on aime et où on est aimé.

Nous avons brossé le tableau de ce *qu'est le* ciel, mais la question la plus importante est: *qui* y habitera. C'est le cœur même du ciel.

Les *saints* y habiteront. Les grandes figures de la foi de l'Ancien Testament (recensées en Hébreux 11) y seront; pour le moment ils attendent que nous nous joignions à eux. Les apôtres du Nouveau Testament y seront, ainsi que les héros et les héroïnes de deux mille années d'histoire de l'Eglise. Les rencontrer tous sera un saint privilège. Mais à côté de tous ces noms connus il y aura une "grande foule que nul ne pouvait compter de toute nation, de toutes tribus, de tous peuples et de toutes langues" (Ap 7.9), qui n'ont été connus que de Dieu, mais qui seront alors en mesure d'être connus par nous. Quel grand nombre de nouveaux amis nous aurons - avec toute l'éternité pour apprendre à les connaître!

Les *anges* y seront. Il seront des milliers. Il se pourrait que nous en reconnaissions quelques-uns qui ont parcouru nos routes, sont entrés dans nos maisons ou même nos voitures (s'ils avaient toujours des ailes et des harpes, il serait quelque peu difficile de les loger à notre insu; Hb 13.2). Quand nous découvrirons toutes les fois où ils nous ont protégés et aidés, nous serons probablement étonnés et reconnaissants. La plus

LE CONTRAIRE

grande surprise sera de découvrir que nous aurons un rang supérieur à eux dans l'ordre créé. Bien que l'homme ait été fait de peu inférieur aux anges (Ps 8.6), notre humanité a été, en Christ, élevée au-dessus d'eux (Hb 2.5-10). Ils seront nos serviteurs! Avec quel soin ils se sont occupés de Lazare, le mendiant, dès qu'il quitta le monde (Le 16.22).

Jésus y sera. Combien sa joie sera grande quand il verra le résultat des tourments de son âme - et il s'en rassasiera (Es 53.11). Et quelle sera notre joie quand nous le verrons tel qu'il est et que nous pourrons le remercier personnellement pour tout ce qu'il a enduré afin que nous puissions être au ciel! Il a déjà quelque deux cent cinquante noms et titres, que nous désirerons tous utiliser en nous adressant à lui. Comment nous appellera-t-il? Aura-t-il un nom nouveau pour chaque individu (Ap 2.17), décrivant ce que cette personne représente pour lui? Nous savons qu'il n'a pas honte de nous appeler collectivement "frères" (Hb 2.11). Pourtant, de même que l'Esprit Saint détourne l'attention de lui-même vers le Fils, de même le Fils la détournera de lui vers le Père. Il est venu vers nous pour pouvoir nous ramener au Père. Il n'a fait que réclamer les royaumes de ce monde afin de pouvoir les ramener au Père, "afin que Dieu soit tout en tous" (1 Co 15.28).

Et nous voici enfin au summum: il y aura *Dieu*. Le ciel est la demeure du Père, sa maison familiale. Son désir de posséder une plus grande famille sera enfin assouvi. Et nous le verrons face à face et non plus au travers du pâle reflet d'un miroir (1 Co 13.12). C'est la communion intime que son Fils unique a toujours connue (Jn 1.1 dit littéralement que "la Parole était face à face avec Dieu"). Maintenant des êtres humains réconciliés et restaurés auront aussi ce privilège ineffable de plonger les yeux dans le visage du Père et d'en voir les expressions d'amour. Les saints de tous les âges ont soupiré dans l'attente de contempler cette vision béatifique. "Heureux ceux qui ont le cœur pur, car ils verront Dieu" (Mt 5.8).

Où tout cela se passera-t-il? La réponse est la plus grosse surprise de toutes – et peut-être la plus merveilleuse. Nous n'allons pas "aller au ciel" pour être avec Dieu; c'est lui qui vient sur terre pour être avec nous! La "nouvelle Jérusalem descend du ciel" (Ap 21.10). Mais ce ne sera pas seulement un nouveau lieu d'habitation pour nous, ce sera aussi la nouvelle demeure de Dieu! Il déménage, il change d'adresse. Désormais, il sera "notre Père qui es sur terre..." La Bible ne dit pas que notre demeure sera avec lui; les anges s'écrient, pleins d'admiration: "Voici (voyez donc!) le tabernacle de Dieu avec les hommes! Il habitera avec eux" (Ap 21.3). Le Dieu qui marchait en Eden emménagera chez nous. La nouvelle terre sera le centre du nouvel univers. Le nom "Emmanuel" ("Dieu avec nous") prendra un sens tout nouveau. Avoir eu le Fils avec nous sur la terre était déjà une merveille; avoir aussi le Père ne pourra que nous remplir d'une stupeur remplie de crainte respectueuse.

On pourra alors vraiment parler de "ce que l'œil n'a pas vu, ce que l'oreille n'a pas entendu, et ce qui n'est pas monté au cœur de l'homme, tout ce que Dieu a préparé pour ceux qui l'aiment" (1 Co 2.9; citant Es 64.3). Mais la Bible ne nous permet pas d'être emportés dans l'irréel par la contemplation de telles merveilles. Les deux chapitres qui nous donnent le plus d'informations nous ramènent aussi sur terre d'un coup, en nous rappelant qu'il y aura encore des êtres humains "hors" de tout cela et dans "l'étang de feu" (Ap 21.8; 22.15). Les joies du ciel sur la terre sont pour ceux qui "continuent" à vaincre les tentations et les épreuves; et qui "continuent" à laver leurs robes (Ap 21.7; 22.14).

Ainsi, au sein même de la révélation de la gloire à venir, le Seigneur inclut des avertissements concernant l'enfer. Pour ce défi qui nous est lancé, nous devons revenir "sur terre" pour le dernier chapitre. Pourquoi l'enfer devrait-il faire également partie de notre prédication et de notre enseignement, même quand nous parlons du ciel?

7

LA PERTINENCE

Cela ferait-il une grosse différence si dans nos prédications et notre enseignement nous laissions tout simplement tomber le sujet de l'enfer? Une telle omission améliorerait-elle nos relations publiques? Son inclusion s'est-elle avérée un handicap inutile?

La discussion de telles questions n'est pas uniquement spéculative, puisque la majorité des Eglises d'Europe et un grand nombre des Eglises américaines ont déjà supprimé l'enfer de leur credo. Il ne manquerait pas de souffle celui qui prétendrait que ces Eglises ont connu un accroissement notable en quantité ou en qualité (la preuve semble indiquer le contraire). Pourtant, beaucoup prétendent à une amélioration de la santé mentale par la réduction, même la suppression, de telles "peurs morbides".

Bien sûr, la question pragmatique pour décider s'il faut retenir ou rejeter l'enseignement traditionnel sur ce sujet reste la question fondamentale de savoir s'il est vrai ou non. Un débat sur la *pertinence* de l'enfer ne peut être abordé que par ceux qui sont convaincus de son *existence*.

Même si la vérité de l'enfer a été établie et acceptée, il y a encore des questions à soulever. Par exemple, quelle importance faut-il lui donner? Devrait-il être au premier plan ou à l'arrière-plan de notre pensée, et de nos paroles?

On trouve une abondance d'exemples extrêmes. Certains prédicateurs donnent l'impression de ne s'intéresser à "rien que" et d'autres couvrent "tout sauf». Pour parvenir à un équilibre satisfaisant, il faut une étude préliminaire de la relation entre la croyance dans l'enfer et les autres objets de croyance et de comportement.

Une fois encore, nous en étudierons l'effet séparément sur les incroyants et sur les croyants. Quelle est l'influence motivante de l'enfer sur l'évangélisation des incroyants et sur l'édification des croyants?

Evangéliser les incroyants

On pourrait se demander pourquoi il y aurait un quelconque sujet de discussion ici. Pour ceux qui se posent cette question, il semble tellement évident que les pécheurs doivent être sauvés de l'enfer et que leur dire qu'ils s'y acheminent les aidera. Que dire de plus? Assurément, cette façon de voir a fourni le principal motif et l'argument simple pour la majeure partie des efforts missionnaires du passé. Des hommes et des femmes sont allés jusqu'aux extrémités de la terre pour sauver leurs semblables d'une "éternité de perdition". Leur zèle jaillissait d'un sentiment d'urgence. Ceux qui périssent devaient être sauvés avant leur mort.

Les missionnaires les plus zélés, quoi qu'ils ne soient pas toujours les plus sages, sont toujours mus par ce fardeau. Ils tombent peut-être dans des méthodes simplistes et des erreurs culturelles, mais on ne peut douter de leur enthousiasme. D'autre part, les stratèges missionnaires qui considèrent qu'une approche plus mûre peut se passer d'une telle inspiration doivent encore fournir la preuve que cela stimule un zèle plus grand, ou au moins égal.

Nous devons néanmoins faire face au fait que l'enfer ne figure pas de façon frappante dans la prédication de Jésus ou des apôtres. Ils ne se laissaient pas aller à "suspendre les pécheurs au-dessus du gouffre". Ils n'employaient pas non plus de descriptions détaillées sur des souffrances sans fin pour persuader leurs auditeurs de chercher à fuir les tourments de l'enfer. Cela indique-t-il peut-être le besoin de voir les pécheurs comme courant ce danger, mais pas nécessairement de le leur dire? L'enfer doit-il motiver l'évangéliste plutôt que l'évangélisé?

Ce n'est pas aussi simple que cela. D'une part, Jésus et les apôtres parlaient librement d'un jugement à venir et ce trait était partie intégrante de leur prédication de l'évangile. Qui dit jugement dit inévitablement aussi bien récompense que châtiment; et il serait étonnant que personne ne soit curieux de la nature de ceux-ci. Dit autrement, l'évangile comprend de mauvaises nouvelles concernant la colère de Dieu, ainsi que de bonnes nouvelles sur sa miséricorde. Et cette colère, qui mijote pour le moment, bouillira dans l'avenir (Jn 3.36; Rm 2.5 et Ap 6.17 ne sont que trois exemples d'un fil qui court dans tout le Nouveau Testament). Jean-Baptiste fut le premier à exhorter ses auditeurs à "fuir la colère à venir" (Le 3.7).

Les premiers prédicateurs s'adressant à des Juifs, on pourrait supposer que ces derniers comprenaient et croyaient au concept de l'enfer. Nous avons déjà remarqué que l'emploi de "Géhenne" comme une métaphore de l'enfer n'était peut-être pas personnelle à Jésus. Les Pharisiens y croyaient sûrement, quoi que, bien sûr, pas pour eux-mêmes (les Sadducéens, en revanche, ne croyaient pas en une quelconque vie future). L'enfer n'était pas non plus une idée nouvelle pour le monde païen. L'un des noms grecs qu'il avait (*tartarus*) est repris dans le Nouveau Testament (2 P 2.4).

Ainsi il se pourrait qu'il ne soit guère parlé de l'enfer parce qu'il n'était guère besoin d'en parler. Mais cela s'apparente à une "preuve par omission", qui peut être utilisée de deux façons (si une chose n'est pas mentionnée cela peut signifier que tout le monde y croyait ou que personne n'y croyait!). Ce qui est clair, c'est que le thème du jugement était inclus de façon régulière, sous-entendant clairement l'existence d'un châtiment.

Sondons un peu plus profondément. Jusqu'à quel point l'enfer est-il essentiel à l'évangile, même s'il n'en est pas un trait dominant? Un théologien du dix-neuvième siècle est allé jusqu'à dire: "Rejetez ce que la Bible dit de l'enfer, et vous ne pourrez comprendre le glorieux évangile du Dieu béni" (W. C. T. Stead, dans *Dogmatic Theology,* 1871]. Beaucoup de théologiens du vingtième siècle seraient en désaccord avec ces paroles. Qui a raison?

L'enfer souligne le sérieux du péché. Il est presque impossible à l'homme pécheur d'évaluer l'offense que constitue son péché pour un Dieu saint, ni l'atrocité de sa rébellion contre le gouvernement céleste. Si l'enfer est ce que mérite le pécheur, alors il faut le considérer beaucoup plus sérieusement que nous ne sommes enclins à le faire. Tous les péchés sont "mortels", une question de vie ou de mort.

Ceci modifiera à son tour notre façon de concevoir *l'expiation.* Jusqu'à quel point la mort de Christ sur la croix était-elle nécessaire? Qu'a-t-il accompli en fait? La croyance à l'enfer pousse l'esprit à accepter des théories "objectives" qui considèrent l'expiation en termes de satisfaction (il paya le prix du péché pour satisfaire la justice divine) et de substitution (il prit à notre place la culpabilité et la honte). Ne pas croire à l'enfer tend à considérer la croix sous une lumière plus "subjective" comme une démonstration (de l'amour de Dieu) ou comme un exemple (payer le prix suprême pour ce qui est juste); le terme expiation est alors utilisé pour indiquer une réconciliation plutôt qu'une compensation. Bien sûr, il y a des exceptions à cette généralisation et une part de vérité dans toutes les théories - mais il reste vrai que la croix est vue tout autrement à la lumière (ou plutôt, l'obscurité) de l'enfer.

Par-dessus tout, notre compréhension de *Dieu* est

LA PERTINENCE

profondément marquée par notre attitude à l'égard de l'enfer. Ceux qui ne peuvent croire qu'il puisse jeter quiconque en enfer (même un enfer qui annihile plutôt qu'il ne tourmente) auront en fin de compte une idée de Dieu qui sera plus sentimentale que biblique, image née de leur propre raisonnement plutôt que le Dieu qui existe réellement et qui s'est révélé en Jésus. Le "Père aimant" (qu'il est) tendra à évincer le "Roi souverain" et le "Juge impartial" (qu'il est également). Cette théologie "réductionniste" ne peut rendre justice aux données du Nouveau Testament, sans parler de toute la Bible.

Il est significatif de constater que ceux qui ne prêchent plus l'enfer sont, en général, étrangement silencieux sur le jugement à venir - et même semblent moins certains de l'existence du ciel, ce qui pourrait ne pas être qu'une coïncidence (on constate un basculement général depuis une prédication concernant le monde à venir vers des commentaires sur le monde présent). Dans le même ordre d'idées, la définition de la culpabilité se fait en termes plus psychologiques que moraux, devenant l'objet d'une thérapie plus que du pardon et ne méritant certes pas le châtiment.

De nos jours, beaucoup contesteraient le fait que "toute bouche soit fermée, et que tout le monde soit reconnu coupable devant Dieu" (Rm 3.19). Si toutes les religions sont des chemins différents qui mènent à Dieu, pourvu qu'elles soient pratiquées avec sincérité et dévotion, et si tous les êtres humains sont innocents jusqu'à ce qu'ils rejettent l'évangile, et s'ils ne peuvent le rejeter tant qu'ils n'en ont pas reçu une présentation complète, voire parfaite, alors le mobile missionnaire pour sauver les coupables de l'enfer est vraiment un anachronisme dépassé. Plus vite on s'en débarrassera, mieux ce sera. Mais si "Juifs et Grecs sont sous l'empire du péché", comme Paul l'avance en asseyant cette conclusion sur une révélation précédente ("Selon qu'il est écrit: Il n'y a pas de juste, pas même un seul; nul n'est intelligent, nul ne cherche Dieu"; Rm3.9-11), alors le mobile reste valable.

Mais qu'en est-il du fait de *prêcher* l'enfer? Si l'on accepte qu'il puisse et doive motiver le prédicateur, devrait-il être utilisé pour motiver les auditeurs à répondre? Beaucoup acquiesceraient aux propos du pieux Richard Baxter de Kidderminster: "Effrayer les hommes ne renouvellera pas leur nature et n'allumera pas en eux l'amour de Dieu et de la sainteté." Mais Baxter a aussi été assez honnête pour admettre que, des six cents membres de sa paroisse, il n'en connaissait que deux qui n'aient pas été amenés au salut par leur conviction d'un danger éternel. Le docteur Isaac Watts est allé encore plus loin quand il a dit que, de tout son ministère, il n'avait rencontré qu'une seule personne qui n'ait pas été "éveillée" par une telle peur.

On ne manque pas de voix de protestation, dont le point de vue altruiste est très critique à l'égard de tout "appel à un intérêt personnel". Ils citent l'hymne de François-Xavier (1506-1552):

> Mon Dieu, je t'aime, non parce que
> J'espère ainsi recevoir le ciel,
> Ni même parce que ceux qui ne t'aiment pas
> Sont perdus éternellement.

Cependant, c'est ici la dévotion d'un saint mûr et non celle d'un pécheur désespéré invoquant le Seigneur pour être sauvé. Est-ce un intérêt personnel qui pousse l'homme qui se noie à s'emparer de la corde qui lui est lancée? Bien sûr. Devrait-il s'arrêter pour examiner ses mobiles avant de s'en emparer? (Est-ce que j'agis ainsi pour ma famille, pour l'humanité ou seulement pour moi? Devrais-je le faire pour plaire à celui qui m'a envoyé la corde?) Est-il même possible de prendre conscience du besoin d'être sauvé sans un certain intérêt personnel? Jésus n'en appelait-il pas à l'intérêt personnel avec son invitation: "Venez à moi, vous tous qui êtes fatigués et chargés, et je vous donnerai du repos" (Mt 11.28)? Est-il possible de mentionner l'enfer, voire même le ciel, sans faire appel à l'intérêt personnel?

Admettons-le franchement, l'enfer peut être prêché, et il l'a été, d'une mauvaise manière. Deux abus ont causé une offense inutile.

Certains se sont servis de leur imagination pour aller bien au-delà des limites des Ecritures, brossant des tableaux terrifiants et sensationnels des tourments endurés. Cette exagération injustifiée a parfois transformé une saine crainte (qui conduit à une action appropriée) en une phobie malsaine (qui paralyse). Jésus voyait certainement l'enfer avec la plus profonde horreur, un endroit à éviter à tout prix; mais il n'a jamais cherché à manipuler les émotions de ses auditeurs en amplifiant leurs peurs par des descriptions détaillées. Nous pouvons être reconnaissants qu'un nombre croissant de prédicateurs suivent son exemple et s'abstiennent des excès de leurs prédécesseurs.

Une offense plus subtile est faite quand l'enfer est prêché par ceux qui n'en ont de toute évidence aucune peur eux-mêmes. Quand les pécheurs s'entendent dire qu'ils se dirigent vers l'enfer par des gens qui affichent leur assurance d'aller au ciel, une réaction négative n'est pas surprenante, puisque le message semble porter des accents d'arrogance. J'espère que l'accent de ce livre sur le fait que la plupart des enseignements de Jésus concernant l'enfer ont été donnés à ses propres disciples (ce qui semble avoir échappé à tous les auteurs que j'ai étudiés) commencera à corriger cette attitude. Il se peut que l'horreur de l'enfer ne puisse être communiquée comme il convient que par des personnes conscientes des risques qu'elles courent et avec une humilité évidente pour les auditeurs (le Jésus sans péché pourrait, bien sûr, être une exception à cette observation). La doctrine de l'enfer sera maniée avec soin par ceux qui ont un respect existentiel à son égard, ceux qui se prêchent à eux-mêmes en même temps qu'aux autres, ceux qui "connaissant ... la crainte du Seigneur, [cherchent] à convaincre les hommes" (2 Co 5.11).

Sous un certain point de vue, l'enfer est une bonne nouvelle. Il nous confirme que Dieu n'est pas indifférent au mal. Il ne permettra pas au mélange du bien et du mal qui existe dans notre monde de continuer indéfiniment. Les méchants seront jugés, rejetés, isolés. Cet univers est un univers moral. Mais l'enfer est aussi une mauvaise nouvelle, pour ceux qui se complaisent dans leur méchanceté et s'attachent au mal au point qu'il devienne partie intégrante de leur personnalité - car Dieu ne peut se débarrasser du péché qu'en jetant le pécheur dehors. Si le pécheur n'est pas prêt à se séparer de ses péchés, il périra avec eux.

Ainsi l'enfer doit figurer dans la prédication comme une partie de "tout le dessein de Dieu" (Ac 20.27), mais dans un équilibre convenable avec les autres parties. De plus, la façon de l'annoncer, tout autant que le contenu de l'annonce, doit être juste, à savoir: dans la crainte et avec larmes. Puisque Dieu ne prend pas plaisir à la mort du pécheur, aucun prédicateur n'osera se laisser aller au plaisir sadique de jubiler devant la destinée des ennemis de l'évangile.

Il est plus prudent pour l'évangéliste d'avoir l'enfer plus souvent dans son cœur que sur ses lèvres. Cela alimentera sa ferveur, accroîtra l'urgence de son appel. N'est-ce pas le général Booth qui a dit que, si cela lui était possible, il inclurait quinze minutes passées en enfer dans la formation de tous les officiers de l'Armée du Salut? Il savait que cela fixerait de justes priorités et assurerait en même temps que leur dévotion reste dans l'objectif principal.

Nous sommes déjà en train de passer de la place de l'enfer

dans la prédication aux incroyants, à son application dans l'enseignement des croyants. Alors poursuivons dans cette voie.

Edifier les croyants

A en juger par l'exemple de notre Seigneur, il est plus important de rappeler aux saints qu'aux pécheurs ce qui concerne l'enfer! Nous invoquerons encore ce texte-clé dans lequel Jésus dit à ses apôtres qu'il envoie en mission: "Craignez plutôt celui qui peut faire périr l'âme et le corps dans la géhenne" (Mt 10.28; voir l'Etude Biblique A pour l'interprétation de "celui qui" comme se référant à Dieu, plutôt qu'au diable).

Voilà la clé: la *crainte* du Seigneur. Dans l'Ancien Testament, c'est le "commencement de la connaissance" (Pr 1.7). Elle est tout autant un mobile pour une vie juste dans le Nouveau. Nous devons "avec crainte et tremblement, travailler à notre salut" (Ph 2.12). Les exhortations à craindre Dieu reviennent sans cesse (par exemple: 1 P 2.17; Ap 14.7).

Traduire "crainte" par "respect", c'est se méprendre sur son sens et réduire son impact. Il s'agit de beaucoup plus que du respect pour qui Dieu *est*. C'est la peur de ne pouvoir entrer dans ce qu'il nous a promis (Hb 4.1). C'est la peur du rejet final par Dieu et de la séparation d'avec lui. C'est la crainte de ce que Dieu peut faire *et fera*.

La crainte de Dieu et la peur de l'enfer sont étroitement liées, bien qu'elles ne soient pas identiques. Il est rare que la première survive à la perte de la seconde. Peut-être parviendrons-nous un jour à cet amour "parfait" qui bannit la crainte, même dans cette vie; mais jusque-là, nous faisons un mélange de crainte et d'amour qui est à la fois possible et nécessaire. Une saine peur de l'enfer apporte au croyant cinq bienfaits.

Le zèle dans l'évangélisation. Nous avons abordé cela

dans la section précédente. La tâche de l'évangélisation est de sauver les perdus, prendre soin des mourants, les arracher au péché et à la tombe. Si la mort est définitive, et l'enfer permanent, la tâche est urgente.

Jésus nous a laissé beaucoup de commandements, mais le dernier qu'il ait donné (mentionné par les quatre évangiles, entre la résurrection et l'ascension) a été de faire de toutes les nations des disciples, de prêcher la bonne nouvelle à toute créature, d'offrir le pardon et la repentance. Il nous a envoyés dans le monde comme le Père avait envoyé le Fils, avec la compassion pour chercher et sauver les perdus. Le zèle pour cette tâche tend à faiblir quand la parfaite compréhension du mot "perdu" est à son tour perdue.

L'un des plus grands défilés festifs qui ait jamais eu lieu à New York fut celui en faveur des pompiers de la ville. Devant les pompiers en uniforme et leurs camions rutilants, défilaient des centaines de personnes en civil: tous ceux qui avaient été sauvés d'une mort horrible par les pompiers. Plaise à Dieu qu'il en soit de même quand les saints entreront au ciel.

Le *respect dans l'adoration*. Un auteur du Nouveau Testament fait l'appel suivant: "Ayons de la reconnaissance, en rendant à Dieu un culte qui lui soit agréable, avec piété et avec crainte. Car notre Dieu est aussi un feu dévorant" (Hb 12.28, citant Dt 4.24 et 9.3). Sont mentionnées ici deux dimensions d'une véritable adoration, qui manquent souvent dans nos cultes et rencontres.

La première est la *crainte*. Il y a beaucoup de familiarité, mais peu de crainte, dans de nombreux actes de louange aujourd'hui. Quand nous entrons dans la présence du Tout-Puissant, nous ne ressentons que fort peu l'impression de nous tenir sur le bord du cratère d'un volcan en activité. Avons-nous oublié avec quelle facilité il pourrait détruire nos corps et nos âmes dans l'enfer? Même les "Quakers" dont le nom signifient "trembleurs", qui ont été surnommés ainsi parce qu'ils tremblaient dans sa présence, préfèrent qu'on les appelle maintenant la "Société des Amis".

La seconde est la *reconnaissance*. Il est courant de remercier Dieu pour les bienfaits qu'il nous accorde, tant ceux que nous partageons avec les incroyants que ceux dont nous jouissons en tant que chrétiens. Mais la note plus profonde de gratitude naît du souvenir de ce qu'aurait été notre destination inévitable si Jésus n'avait pas été prêt à faire l'expérience de l'enfer sur la croix pour nous. La Sainte Cène sera plus sûrement l'acte central de l'adoration quand elle est une expression sincère de reconnaissance pour sa "descente en enfer" (*eucharisto* est le mot grec pour "Merci").

La persévérance dans le service. Le sort de ceux qui n'ont pas tenu leurs lampes prêtes, qui n'ont pas utilisé leurs talents ou qui n'ont pas assisté les "frères" du Seigneur est un rappel dégrisant de nos responsabilités.

La foi est exercée et mise en évidence par la fidélité (comme nous l'avons déjà relevé, les deux mots ne sont qu'un seul en hébreu et en grec). Le juste vivra en gardant la foi (Ha 2.4; remarquez comment les auteurs du Nouveau Testament emploient ce verset pour souligner la confiance et l'obéissance persévérantes en Rm 1.17 et Hb 11.38-40).

Il n'est pas question d'un salut par les œuvres, mais par une foi continuelle, une foi qui agit par l'amour (Ga 5.6), tant pour Dieu que pour les autres. Jésus a affirmé que l'authenticité de l'amour se constatait dans le fait de garder ses commandements (Jn 14.21; 15.10).

L'obéissance dans la sainteté. *La croyance à l'enfer approfondit la compréhension de la sainteté divine et renforce le besoin de sainteté chez les hommes (Lv 11.44-45; 1 P 1.16; et Ep 1.4; 1 Th 4.7). Au cinquième siècle, un laïc originaire de Grande Bretagne plaida avec le peuple de Dieu: "Luttons donc avec toutes les forces dont nous disposons pour vaincre nos habitudes de péché et nous plonger profondément dans des activités de sainteté et de justice, afin que nous ne passions pas par les souffrances des damnés, mais que nous jouissions de la béatitude avec les justes".* Ses paroles sont une puissante paraphrase d'un verset du Nouveau Testament déjà cité plus d'une fois dans ces pages: *"Recherchez la paix avec tous, et la sanctification sans laquelle personne ne verra le Seigneur"* (Hb 12.14) – pourtant il faut bien admettre qu'Augustin persuada les autorités de l'Eglise romaine de déclarer hérétique, Pélage, l'auteur de ces paroles (il est vrai qu'il comprit certaines autres choses tout à fait de travers!).

Le cœur de la question est le suivant: la sanctification est-elle, comme la justification, nécessaire pour fuir l'enfer et entrer au ciel? Ou bien la sainteté n'est-elle qu'une sorte de supplément qui vous qualifie pour recevoir des bénédictions supplémentaires ici-bas et une récompense en plus dans l'au-delà? A en croire la prédication et la pratique de la vie chrétienne de certains, on pourrait estimer qu'il n'est pas nécessaire d'être bons pour aller au ciel.

Cependant, nous devons à la fois être pardonnés et rendus bons pour entrer enfin au ciel. Ceci serait déjà limpide comme du cristal en n'écoutant que l'enseignement de notre Seigneur dans le Sermon sur la Montagne, même si aucun autre verset de l'Ecriture ne disait la même chose. Nous sommes sauvés *du* péché, mais c'est *pour* la justice. Le plein évangile nous offre les deux. Jésus est l'Agneau de Dieu qui ôte le péché du monde et qui baptise d'Esprit *Saint* (Jn 1.29, 33).

Trop de personnes veulent l'un sans l'autre, le pardon sans la sainteté. Elles espèrent passer de la justification à la glorification, sans traverser la deuxième étape, celle de la sanctification. Cela s'appelle profiter de la miséricorde divine. Le Seigneur nous dit à tous: "Moi non plus je ne te condamne pas; va, et désormais ne pèche plus" (Jn 8.11).

La confiance dans la persécution. Quand le Seigneur envoya ses disciples deux à deux, il s'attendait à ce qu'ils rencontrent de l'hostilité, souffrent de la persécution et même passent par le martyre. Ils auraient pu, par peur pour leur vie, se compromettre.

Les psychologues confirment que de moindres peurs peuvent être vaincues par une plus grande. Voici le conseil, en réalité l'ordre, que Jésus leur donna: ils devaient craindre Dieu plus que les hommes, l'enfer plus que la mort. Craindre celui qui peut détruire corps et âme dans l'enfer les guérirait de la peur de toute autre personne ou chose. Il serait bien, bien pire de perdre la vie éternelle que la vie temporelle.

Ainsi la peur de l'enfer "en-couragerait" littéralement les croyants quand ils seraient sous la pression. Elle remettrait les souffrances du temps présent dans une juste perspective. Celles-ci n'auraient "pas de commune mesure avec la gloire à venir qui sera révélée pour nous" (Rm 8. 18). Eviter de souffrir en se compromettant ne vaut tout simplement pas la peine. Ceux qui renient Christ maintenant courent le risque terrible d'être reniés par lui plus tard (Mt 10.33; 2 Tm 2.12). Se débarrasser d'un héritage futur pour un soulagement présent peut être une perte irrévocable, comme Esaü l'a découvert, à son regret éternel (Hb 12.16-17; remarquez que ces versets suivent le verset 14).

Polycarpe, l'un des premiers martyrs chrétiens, refusa de renier Christ quand il fut menacé par les bêtes sauvages dans l'arène. Le proconsul romain frustré augmenta la pression: "Je te ferai brûler par le feu, si tu méprises les bêtes sauvages, à moins que tu ne changes d'avis." Polycarpe répondit à nouveau: "Tu me menaces du feu qui brûle pendant une heure et qui s'éteint rapidement, parce que tu ne connais pas le feu du jugement à venir et du châtiment éternel réservés aux méchants."

LE CHEMIN VERS L'ENFER

***

La prédication de l'enfer a donc une place dans l'évangélisation des incroyants et l'enseignement sur l'enfer en a une dans l'édification des croyants. Inversement, l'absence de l'enfer peut affaiblir sérieusement l'urgence de chacun de ces ministères. La doctrine a un double rôle à jouer dans l'appel bipartite de l'Eglise à pêcher et à paître.

L'une des paraboles de Jésus associe les deux accents: celle du grand festin des noces (Mt 22.1-14; voir l'Etude Biblique B pour une exégèse détaillée et une comparaison avec la version de Luc). Un roi prépare une réception de noces pour son fils. Quand tout est prêt, les invités sont informés, mais trouvent d'autres choses à faire. Cette insulte irrite le roi qui envoie son armée pour les détruire eux et leur ville. Décidé à remplir toutes les places prévues à la table, il envoie ses serviteurs persuader d'autres personnes à venir. Jusque-là, l'histoire est un avertissement pour montrer qu'il est insuffisant de recevoir, ou même d'accepter, l'invitation. Ce qui est vital, c'est de venir quand l'appel résonne.

C'est là que survient le choc. La plupart des invités sont vêtus sur leur trente-et-un, mais il y en a un qui ne s'est pas soucié de changer de vêtements. Cette nouvelle insulte à l'égard du roi et de son fils est impardonnable (le silence de l'homme montre qu'il n'avait aucune excuse et qu'il aurait pu revêtir de meilleurs habits). Des serviteurs lui lient les pieds et les mains et le jettent "dans les ténèbres du dehors, où il y aura des pleurs et des grincements de dents" (description typique que Jésus fait de l'enfer). La parabole est maintenant devenue un avertissement pour ceux qui acceptent l'invitation, viennent quand l'appel retentit, mais ne font rien pour se rendre présentables ou dignes de l'occasion. Il est à souligner que ce dernier incident n'est pas mentionné dans la version de Luc (évangile écrit pour les incroyants), mais qu'il l'est dans celle de Matthieu (évangile écrit pour les croyants).

La parabole s'achève sur un résumé de la situation: "Il y a beaucoup d'appelés (à l'origine), mais peu d'élus (en définitive)." En termes théologiques, on dirait: beaucoup veulent être justifiés, mais peu veulent être sanctifiés. Beaucoup veulent le pardon, mais peu veulent la sainteté. Beaucoup veulent participer au banquet céleste, peu veulent s'y préparer. Car dans la vie véritable, il n'y en a pas qu'un seul qui ne s'habille pas décemment, mais beaucoup. Ceux qui comprennent réellement l'invitation et son objet veulent faire tous leurs efforts pour honorer l'occasion. Ils ne sont pas seulement intéressés par la nourriture, mais aussi par la communion avec le roi et son fils.

En d'autres termes, quelques personnes répondent à l'invitation de l'évangile dans le seul but de fuir l'enfer et de jouir des délices du ciel. Elles ne font rien pour se préparer et s'attendent à être admises dans la gloire comme elles sont. Elles vont avoir un terrible choc.

D'autres, peut-être une minorité ("peu"), savent qu'elles sont invitées à assister à un événement royal et attendent avec impatience cette relation intime avec la famille royale dans son palais. Durant le temps qu'elles ont devant elles, elles font tout ce qui est possible pour se préparer à un tel privilège. A celles-là, "sera largement accordée l'entrée dans le royaume éternel de notre Seigneur et Sauveur Jésus-Christ" (2 P 1.11; remarquez le contexte, les versets 5-10).

Notre Seigneur qui est monté au ciel, a donné à son Eglise des évangélistes pour persuader les pécheurs perdus à venir quand ils sont appelés, et des pasteurs pour les aider à se préparer pour le banquet. Que chacun poursuive son saint appel avec un zèle infatigable, sachant qu'ils ne fournissent pas seulement des invités pour le mariage, mais qu'ils préparent, en fait, l'épouse même (Jn 3.29; Ep 5.25-33).

Et que ceux qui sont placés sous leur ministère respectent leurs mobiles et reçoivent leur message afin qu'ils soient trouvés assis à la table du Roi. Pour ceux qui ne le font pas, il vaudrait mieux pour eux n'être jamais nés.

"O Dieu, notre Père, je prie que, dans ta grande miséricorde, chacun des lecteurs de ce livre et son indigne auteur puissent à la fin recevoir un accueil somptueux dans ta demeure céleste, justifiés par ta grâce, sanctifiés par ton Esprit et glorifiés dans ta présence, par le sang et au nom de ton Fils unique Jésus-Christ, notre Seigneur et Sauveur, Amen."

ETUDES BIBLIQUES

Introduction

De fréquentes références à des chapitres ou versets peuvent engendrer l'impression qu'un livre est entièrement biblique, ce qui peut être ou non le cas. Un texte sorti de son contexte est un prétexte!

Les dix études qui suivent se penchent sur un certain nombre de passages ayant trait au sujet étudié et les considèrent plus en détail qu'il n'était possible, ou même souhaitable, dans le corps du livre. Quand cela est nécessaire, une grande attention est apportée au contexte plus large, parfois la teneur et le but de tout le livre qui contient le passage.

Il s'agit d'une sélection variée, certains passages étant plus directement liés au sujet que d'autres. Un choix délibéré a été fait d'inclure certains passages, généralement laissés de côté en raison de leur signification obscure ou inacceptable. Ceux qui croient que toute Ecriture est inspirée et utile doivent le démontrer en s'attaquant à ces passages que les autres évitent.

Une exégèse approfondie a permis d'introduire certains sujets périphériques comme, par exemple, le "millénium". Le lecteur désirera probablement savoir quel est le point de vue eschatologique pris par l'auteur, bien qu'il faille souligner que celui-ci n'affecte pas les conclusions auxquelles il est parvenu au sujet de l'enfer.

L'équilibre des auteurs bibliques (quatre textes de Matthieu, deux de Luc, deux de Pierre et un de Paul, de Jean et de Jude) reflète la proportion de données sur le sujet dans leurs écrits. Le fait que la plupart apparaissent dans le premier évangile a rarement reçu toute sa signification, à savoir que la majeure partie des enseignements et des avertissements concernant l'enfer ont été donnés aux disciples plutôt qu'aux pécheurs.

Cette découverte, fondamentale pour la thèse de ce livre, mène droit à une grande controverse théologique. L'ironie sera sans doute que les Calvinistes, qui ont probablement été les plus fidèles pour croire et prêcher la doctrine de l'enfer, rejetteront vraisemblablement ce livre sous couvert d'hérésie arminienne ou pire (puisqu'il inclut une citation de Pélage, qui ne sera pas pardonnée par une autre d'Augustin!).

Ce qu'on appelle les "cinq points" des Calvinistes - dépravation totale, élection inconditionnelle, expiation limitée, grâce irrésistible, persévérance ou, plus justement, préservation des saints – forment un "système" intégré. Contestez-en un et le tout est menacé. Laisser entendre que le croyant pourrait risquer de perdre sa place au ciel et se retrouver en enfer, c'est contester le cinquième principe, mais en même temps c'est impliquer qu'on peut résister à la grâce, que l'expiation était illimitée dans son but, l'élection conditionnée par la foi et la totale dépravation capable de répondre à la grâce prévenante.

Bien que ce livre n'ait pas pour objet de discuter ou de peser les mérites comparés des théologies "calviniste" et "arminienne", je me suis senti contraint d'indiquer les passages dont le sens simple et évident diffère du premier aperçu. C'est en particulier le cas pour le contexte des avertissements de Jésus. Mes efforts inciteront peut-être quelqu'un qui partage la conviction "calviniste" à entreprendre une démarche pionnière pour offrir une explication "calviniste" au fait que la plupart de ces avertissements aient été donnés aux premiers disciples et transmis par un évangile conçu pour l'instruction des générations successives de disciples de Jésus.

Quand on cherche à expliquer la Bible, il est impossible d'éviter les questions théologiques, mais la controverse peut être saine si elle nous ramène à l'examen de ce que la Parole de Dieu dit vraiment et à celui des présupposés de l'interprétation traditionnelle que nous lui donnons. Quant à moi, je ne pense pas qu'un quelconque "système" théologique, qu'il soit calviniste ou arminien, augustinien ou pélagien, réformé ou radical, soit suffisamment grand ou souple pour contenir tout le conseil de Dieu et se sortir des nombreux paradoxes de l'Ecriture.

J'espère que ces études inciteront le lecteur à avoir une Bible ouverte à côté de ce livre et à vérifier ce dernier à la lumière de la première. Il est insensé de lire des livres sur la Bible sans référence directe à celle-ci. Il est sage de sonder les Ecritures pour voir si ce qui est enseigné s'y trouve vraiment (comme le fit l'auditoire de Paul à Bérée "avec beaucoup d'empressement", Ac 17.11). J'irais plus loin et dirais que si mes lecteurs ne trouvent pas dans ces passages ce que j'y ai trouvé, ils doivent absolument oublier ce que j'ai dit, avant d'être distraits, ou même faussés.

J'ai pensé tout particulièrement aux prédicateurs et aux enseignants. Je veux les encourager à présenter tous les passages plutôt que de parler sur des textes (un verset, occasionnellement hors contexte) ou des sujets (beaucoup de versets, souvent hors contexte). Le défi de s'attaquer au courant de pensée dans un livre biblique apporte une satisfaction immense et une rémunération infinie. Peu de choses construisent l'attente d'une communauté comme cet aperçu plus large, pourvu que la présentation soit *réelle* (revivant l'expérience passée de Dieu) et *pertinente* (la restituant dans l'expérience actuelle de l'homme).

La Bible devient alors un livre qui s'interprète par lui-même aussi bien qu'il s'authentifie. Le même Esprit de vérité qui a inspiré les auteurs est maintenant disponible pour instruire les lecteurs (1 Jn 2.27). Tout ce qu'on attend de nous, c'est un esprit objectif, un cœur ouvert et une volonté prête à obéir.

Etude biblique A: La peur mortelle

Lectures: Matthieu 10.28 et Luc 12.4-5

Le message est clair: il y a un "sort pire que la mort". Par conséquent, il y a une peur qui dépasse celle de la mort. Cette terreur plus profonde est l'antidote pour la lâcheté en face de l'ennemi.

Il reste néanmoins des questions sans réponses: *Qu'est-ce* donc que ce terrible péril? *Qui* est celui qui peut nous en menacer? *Pourquoi* cet avertissement est-il nécessaire? *Quand* a-t-il été donné?

Le contexte nous fournit, comme d'habitude, la clé. Jésus a dit la même chose à deux reprises: une fois, en envoyant les "douze" en mission et à nouveau, plus tard, au retour des "soixante-dix" après une autre mission. A chacune de ces occasions, il a été parfaitement honnête avec eux sur l'hostilité croissante et le danger imminent qui les attendaient.

La haine chez leurs auditeurs conduirait au rejet par le peuple, à la flagellation par les autorités religieuses, à des poursuites par les autorités civiles, et même au reniement par leur propre famille. Ils souffriraient d'abus divers et de tentatives d'assassinat.

Tout cela pourrait ne pas se passer au début, mais Jésus se place clairement dans une perspective à long terme. Bien qu'il leur commande de ne pas aller maintenant vers les païens (Mt 10.6), il prévoit déjà qu'ils le feront plus tard (Mt 10.18). Son conseil est donc pertinent pour toutes les missions postérieures, en son nom, pendant tout l'âge présent.

La peur des hommes est un handicap majeur pour les apôtres. Ils doivent être testés contre l'intimidation. Trois fois, il leur dit de ne pas avoir peur (Mt 10.26, 28, 31). Mais comment peuvent-ils vaincre une telle peur?

Ils doivent se souvenir que toute hostilité cachée sera un jour mise à nu et punie (Mt 10.26), que leur Père céleste prend soin d'eux et veille sur eux (Mt 10.29-30) et que renier Jésus devant les hommes entraîne qu'il nous renie devant Dieu (Mt 10.32-33).

Mais le meilleur antidote contre toute peur en est une plus grande! La peur de l'eau est vaincue quand l'un de ses enfants se noie, la claustrophobie quand son enfant est pris au piège. Un prophète a bien compris ce mécanisme psychologique bien connu: "Il en sera comme d'un homme qui fuit devant le lion et que rencontre l'ours, qui gagne sa demeure, appuie sa main sur la muraille, et que mord le serpent" (Amos 5.19). Il est étonnant de voir avec quelle rapidité une peur peut en vaincre une autre. La terreur guérit la timidité!

On dit que notre instinct le plus profond est celui de préservation, que la vie est notre bien le plus précieux et la mort la menace ultime. Notre mortalité nous rend ainsi vulnérable à tout ce qui a le pouvoir de tuer. Jésus est venu nous délivrer de ce handicap paralysant (Hb 2.15).

Il l'a fait par son enseignement et par son exemple. On en tire une nouvelle perspective, tant sur la quantité que sur la qualité de la vie. La mort n'est ni une fin de l'existence de l'individu, ni la pire chose qui puisse arriver. Seuls ceux dont la vision est limitée par cette vie peuvent penser autrement.

Le meurtre ne peut tuer que le corps et non toucher l'âme (le "psychisme", la personne véritable). Le moi continue comme un être conscient. Ici, Jésus affirme la survivance d'un "esprit" désincarné. Les êtres humains n'ont pas le pouvoir d'exterminer leurs pairs, mais seulement de mettre un terme à leur partie physique.

C'est pour cela qu'il y a quelque chose de pire que la mort, qui ne peut tuer qu'une *partie* de la personne et pas même la plus vitale. Une personne *entière,* corps et âme, peut être "détruite", par quelqu'un qui a le pouvoir de le faire.

Qui est le "celui" qui possède ce pouvoir? Certains commentateurs supposent qu'il y a ici une référence au diable. L'un de ses noms est "Destructeur" et l'enfer est vu comme son "domaine", où il est libre d'exercer ses passions de vandale contre ceux qui sont livrés entre ses mains. Mais il y a de bonnes raisons de contester cette interprétation:

1. Ce serait le seul texte du Nouveau Testament exhortant à craindre le diable plutôt que le Seigneur;

2. Le royaume, ou gouvernement, du diable est dans ce monde, pas dans celui à venir;

3. Il n'est fait aucune autre mention de Satan dans cet ordre missionnaire; le contexte immédiat concerne le Père;

4. Le diable n'est jamais crédité du pouvoir de "jeter" en enfer (comme dans la version de Luc); en fait, il est lui-même "jeté" en enfer (Ap 20.10; voir Etude Biblique J).

La source de la menace est plus divine que démoniaque. C'est assurément Dieu lui-même qui peut détruire l'homme qu'il a créé (Gn 6.7) et qui est lui-même un "feu dévorant" (Hb 12.29). Alors pourquoi Jésus parle-t-il de lui comme de "celui" et non du "Père"? On peut concevoir une réticence compréhensible à lier ce terme affectueux avec ce que certains théologiens appellent "l'étrange œuvre" de Dieu.

Quoi qu'il en soit, il pourrait y avoir une raison plus subtile à ce terme quelque peu impersonnel. Ailleurs, Jésus revendique qu'il est celui qui juge les nations et envoie les "maudits" en enfer (Mt 25.41; cf. 1 Co 5.10). Dans d'autres passages, lui et son Père, qui sont "un", agissent ensemble pour juger (par ex. Ac 17.31; Ap 6.16-17). Ainsi l'anonymat ambigu pourrait être tout à fait délibéré.

Que signifie "faire périr l'âme et le corps". Cette question semblerait, à première vue, superflue. En français "faire périr" est presque synonyme de "tuer" et veut dire exterminer ou annihiler. Beaucoup de lecteurs prendront donc pour acquis que le contraste est entre la mort, qui amène une partie de la personne à la fin de son existence, et l'enfer, qui y amène l'ensemble de la personne.

Cependant, le terme grec couvre un spectre de significations plus étendu, depuis "achever l'existence" jusqu'à "détériorer au point qu'il soit impossible de réparer", ou même tout simplement "gâcher". Ainsi la conclusion ne va pas de soi que l'enfer est l'endroit où des personnes tout entières cessent d'exister. Le changement de "tuer" (le corps) à "faire périr" (l'âme et le corps) pourrait être plus qu'une variation littéraire et indiquer une menace aussi qualitative que quantitative. Le changement est encore plus clair dans la version de Luc: de "tuer" à "jeter dans", qui laisse grande ouverte la question de la continuation de l'existence.

On ne peut décider à partir de ce passage si l'enfer implique une incinération ou une incarcération (nous avons considéré cet aspect plus complètement au chapitre 3). Il nous suffit de dire ici que la perspective d'une existence qui se poursuivrait dans une condition de ruine serait certainement plus effrayante que la mort du corps; et inversement, qu'on peut se demander si celle d'une extermination le serait.

Avant de poursuivre, il vaut la peine de remarquer que Jésus parle de la destruction d'un "corps" en enfer *après* la mort d'un corps. Il ne parle pas de la putréfaction d'un cadavre, qui se passe dans la tombe plutôt qu'en enfer et n'affecte en rien l'âme. Il parle clairement à l'avance d'un corps ressuscité qui peut être "jeté" en enfer. Cela soulève à nouveau la question spéculative de savoir pourquoi Dieu se donnerait le mal de fournir de nouveaux corps aux méchants seulement pour les annihiler juste après! Son acte de "re-création" serait plus compréhensible si les corps ressuscités devaient poursuivre leur existence plutôt que d'être complètement annihilés.

Par ailleurs, à cette occasion, Jésus ne décrit ni ne définit l'enfer. Ceci ne signifie qu'une seule chose: ses auditeurs étaient déjà tout à fait accoutumés au concept et n'avaient nul besoin de plus amples explications; Jésus pouvait le prendre comme allant de soi.

Qui est menacé par cette horreur ultime? Bien que ce verset ait été largement cité dans la prédication chrétienne, il n'y a que peu de personnes qui aient remarqué, ou même tout simplement noté, *à qui* s'adressait cet avertissement. Le faire surprendra certains et choquera d'autres.

Jésus ne s'adresse pas à des pécheurs notoires, ni même au public en général, mais à ses propres disciples (en Luc il les appelle "mes amis"). Il ne leur donne pas non plus cet avertissement sérieux pour qu'ils le transmettent à d'autres, mais pour qu'ils se l'appliquent! En dépit du verset qui précède immédiatement (Mt 10.27 leur ordonne de rendre public ce qu'ils ont entendu de lui en particulier), la phraséologie s'adresse clairement aux besoins des apôtres eux-mêmes plutôt qu'à ceux des personnes vers lesquelles ils sont envoyés.

Le but de Jésus est de leur donner une stabilité émotionnelle en eux-mêmes plutôt qu'un impact émotionnel sur les autres. Leur peur de Dieu neutraliserait efficacement leur peur de l'homme. Remarquez qu'il s'agit de la peur de personnes dans les deux cas. Il ne s'agit pas de la peur de la mort contre celle de l'enfer, mais de celle de "ceux" qui peuvent tuer le corps contre celle de "celui" qui peut faire périr l'âme et le corps. Le choix a lieu entre la peur de tueurs potentiels et celle du destructeur potentiel. La première est de la lâcheté et peut qualifier pour "l'étang de feu" (Ap 21.8).

Nous devons maintenant affronter la sérieuse implication

de tout cela: Jésus a averti ses disciples du danger qu'ils couraient d'être jetés en enfer. Et ce n'est pas comme s'il s'agissait d'un cas isolé. Comme nous l'avons vu (au chapitre 4), la plupart des avertissements du Seigneur ont été donnés à ces mêmes disciples. On ne peut passer sous silence le défi que cela représente, pourtant même ceux qui le relèvent ont tendance à l'évacuer par une explication ou une autre (peut-être parce qu'il ne "colle" pas avec leur théologie).

D'une part, on traite ces avertissements d'*existentiels* (c'est à dire presque irréels au fond). En d'autres termes, Jésus voulait effrayer un peu ses disciples pour qu'il ne s'écartent pas de l'étroit et droit chemin, bien que, assurément, il n'y ait aucun danger réel qu'ils soient un jour jetés en enfer (un peu une "carotte", mais à l'envers). Mais celui qui prétendait dire et être la vérité pourrait-il se laisser aller à une telle tromperie, aussi anodine soit-elle? La peur d'un danger purement hypothétique suffirait-elle à vaincre celle d'un danger bien réel? La suggestion est pour le moins incongrue, pour ne pas dire absurde.

D'autre part, on traite ces avertissements de *"transitoires"*, puisqu'ils ont été donnés avant la mort, la résurrection et l'ascension de Jésus et avant que l'Esprit soit imparti; et par conséquent, avant que les disciples soient à proprement parler "chrétiens". Pourtant, ils avaient déjà reçu Jésus, cru en son nom et ils étaient déjà "nés de Dieu" (si Jn 1.12-13 s'applique à quelqu'un, c'est sûrement à eux).

Et nous avons précédemment remarqué que Matthieu 10 envisage déjà la mission ultérieure et plus étendue de l'Eglise auprès des païens. En outre, la plupart des avertissements de Jésus concernant l'enfer ont trait à sa seconde venue et non à la première.

Il convient donc de prendre l'avertissement tel qu'il est. L'enfer est un danger bien réel, même pour les disciples et amis de Jésus. Une prise de conscience de ce risque est un élément essentiel de cette crainte de Dieu qui est le commencement de la sagesse. C'est aussi une aide inestimable face à l'hostilité des hommes et aux dangers personnels.

Jésus était un exemple en même temps qu'un interprète de cette vérité. Il n'a fait preuve d'aucune trace de peur face à ses exécuteurs. Pourtant il a connu une appréhension extrême (faisant perler son sang sur son front) quand il considéra cette séparation avec Dieu, cette "descente aux enfers" (voir le chapitre 5) qui pour lui précéda la mise à mort du corps au lieu de la suivre; et tout cela pour les péchés des autres et non pour les siens.

Etude biblique B: Le festin de noces

Lectures: Matthieu 22.1-14 et Luc 14.15-24

Comme toutes les paraboles de Jésus qui nous sont rapportées dans les évangiles, celle-ci doit être interprétée dans deux contextes: l'original, celui oral (les auditeurs de Jésus) et celui ultérieur, écrit (les lecteurs de Matthieu). Le premier révèle son intention pour hier et le dernier son message pour aujourd'hui.

Nous commençons en posant la question: où et pourquoi Jésus a-t-il raconté "l'histoire" originale? La détermination de sa date et de son lieu est compliquée par le fait que Matthieu et Luc l'ont tous deux racontée; et ce en des lieux et à des dates différents (bien que l'éloignement ne soit pas trop grand entre les deux). Certains savants pensent que les deux évangélistes ont usé de "licence poétique" pour adapter un même événement à deux objectifs. Il est plus vraisemblable que ce soit Jésus qui ait adapté l'histoire en deux occasions.

La première (celle de Luc) s'est passée en route vers Jérusalem pour la dernière fois et lors d'un repas de sabbat pris dans la maison d'un Pharisien renommé. Jésus émet des critiques sur ses hôtes pour trois choses: leur hostilité muette à la guérison qu'il a faite dans un cas d'hydropisie le jour du sabbat; leur ruée indécente pour les premières places à table et leurs arrière-pensées dans le choix des invités (ceux qui pouvaient leur rendre l'hospitalité et qui le feraient). S'ils avaient invité ceux qui ne pouvaient en faire autant (les pauvres et les déshérités), ils auraient été vraiment bénis; ils auraient été rétribués par Dieu au lieu des hommes et dans le monde à venir au lieu de celui-ci. Une telle hospitalité aurait été un bien meilleur investissement à long terme.

Dans le silence embarrassé qui s'ensuivit, l'un des invités

tenta de sauver la situation avec une platitude pieuse, acquiesçant apparemment à l'observation de Jésus, tout en couvrant l'embarras de son hôte. "Heureux celui qui prendra son repas dans le royaume de Dieu" (laissant clairement entendre qu'il s'attendait à en faire partie!). En fait, il était largement admis, même si c'était de mauvaise grâce, que si quelqu'un méritait d'y être, c'étaient bien les Pharisiens, qui avaient travaillé très durement pour cela.

C'est en réponse à cette suffisance que Jésus raconte la parabole du grand festin et des invités qui, le jour venu, trouvèrent des excuses pour ne pas y assister et furent remplacés par ceux qui ne le méritaient pas et ne s'y attendaient pas.

L'histoire se situe parfaitement dans le contexte des coutumes de l'époque: les invités recevaient à l'avance la nouvelle qu'un banquet était prévu, mais pas la date et le lieu précis. Quand on leur faisait parvenir plus tard ces détails, il était entendu que les invités feraient passer cet événement en priorité sur tout autre engagement. Accepter la première invitation et décliner la deuxième constituerait une profonde insulte pour l'hôte, en le reléguant à une signification secondaire.

Dans ce cas, il est compréhensible que l'hôte soit irrité et décidé à ne pas gâcher la nourriture préparée. Ses serviteurs fouillent d'abord la ville pour des remplaçants potentiels, qui n'avaient ni envisagé, ni espéré un tel repas. Comme cela ne suffisait pas à remplir les places disponibles, les serviteurs furent envoyés dans la campagne environnante pour en trouver d'autres (*"contrains* les gens d'entrer" parle plus de persuasion que de coercition; Augustin fit erreur en prenant le mot "contraindre" pour justifier l'emploi de la force vis-à-vis des incroyants et des hérétiques). Tous les sièges doivent être occupés, pour empêcher que l'un des premiers invités ne regrette sa décision, dans l'espoir que l'hôte reconsidère sa position; il n'y aura pas de deuxième chance.

Pour ceux qui entendirent cette histoire la première fois, il y avait deux messages: l'un tout à fait clair et l'autre plus subtil.

Assurément, il s'agit d'un avertissement contre le présupposé qu'on puisse être certain de sa place dans le royaume *à venir,* comme le pensait probablement celui qui partageait le repas avec Jésus. Ce ne sont pas ceux qui y croient, ont reçu une invitation et l'attendent avec impatience qui y assisteront à la fin, mais ceux qui en font leur priorité et viennent quand ils sont appelés. Sinon, ils se verront remplacer par les substituts les plus invraisemblables.

Mais il y a aussi une déclaration sous-jacente: le royaume est *présent* tout autant que futur. La première invitation a été portée par les prophètes hébreux; la seconde vient au travers de la personne et de l'œuvre de Jésus. Tout est prêt. C'est maintenant l'heure de fixer les priorités. Mais les Pharisiens ne "viennent" pas au royaume, tandis que les prostituées et les extorqueurs s'en emparent avec empressement. En passant, remarquez qu'aucune des excuses n'est immorale ou illicite; ce sont des activités légitimes qui, cependant, auraient dû être secondaires et sont devenues principales.

La deuxième fois (le récit de Matthieu), cela se passe dans le parvis même du temple de Jérusalem, pendant la dernière semaine de vie de Jésus. L'affrontement avec les chefs juifs est maintenant public; la crise atteint son paroxysme. Il n'est pas étonnant que, lorsque Jésus raconte l'histoire pour la seconde fois, ses termes soient beaucoup plus durs et clarifient les questions sous-jacentes. Le "un homme" devient "un roi"; la fête, une réception de noces pour son fils; les invités ne reçoivent pas une, mais deux annonces de la date (est-ce que cela a quelque chose à voir avec le fait qu'il raconte à nouveau l'histoire?); au lieu d'une simple dérobade, les invités refusent et rejettent l'annonce, battent et tuent les messagers; l'hôte en colère les tue et brûle leur ville (Matthieu a-t-il rapporté cet événement après la destruction de Jérusalem en 70?); les places vacantes sont remplies en une seule recherche. Les enjeux sont faits et le défi est bien plus vif.

Mais il y a aussi un coup de théâtre nouveau dans l'histoire: un homme arrive à la fête sans avoir changé ses vêtements de tous les jours - et il est jeté dehors. Contrairement au mythe moderne (conçu par des commentateurs partisans d'une justice "imputée"!), ce n'était pas une coutume ancienne que d'envoyer un habillement convenable en même temps que l'invitation; pourtant on attendait des invités qu'ils revêtent leurs plus beaux habits. Le fait que cet invité aurait pu le faire est indiqué clairement par sa réaction "la bouche close" devant la question compatissante du roi ("Mon ami...", laissant à l'homme la possibilité de s'expliquer). Ne pas se soucier de se préparer constituait une aussi grave insulte contre le roi et son fils que de décliner l'invitation.

Les Pharisiens qui entendirent cette version amplifiée reçurent ce détail supplémentaire avec suffisance. Ils comprenaient cette référence à des "manteaux de justice", mais n'étaient-ils pas déjà en train de lutter pour obtenir un tel ornement? Ils ne comprenaient pas (à moins d'avoir entendu parler du Sermon sur la Montagne) que Jésus considérait leur propre justice comme totalement insuffisante pour entrer dans le royaume (Mt 5.20). La parabole contenait maintenant un double avertissement contre une attitude présomptueuse à cet égard: le royaume est pour ceux qui viennent quand ils sont appelés et qui y arrivent correctement préparés.

Arrêtons-nous là pour ce qui est du contexte original (oral). Nous regarderons maintenant le contexte ultérieur (écrit). Deux des quatre évangiles ont été constitués pour l'évangélisation des incroyants (Marc et Luc) et deux

ETUDE BIBLIQUE B – Le festin de noces

pour l'encouragement des croyants (Matthieu et Jean; voir Jn 20.31 pour l'objectif de cet évangile: que les lecteurs continuent de croire et continuent d'avoir la vie éternelle).

Luc écrit pour les païens (il était lui-même païen et s'adressait à un autre: Théophile); Matthieu écrit pour les Juifs. Luc utilise le terme "royaume de Dieu" sans hésiter, tandis que Matthieu respecte la réticence juive à faire une référence directe à la Divinité et utilise "royaume des cieux". Luc applique le qualificatif de "brebis perdues" aux pécheurs (Lc 15.4-7); Matthieu l'applique à ceux qui, ayant bien commencé, sont revenus en arrière (Mt 18.6, 12-14).

Les lecteurs de Luc devaient trouver un plein *réconfort* dans cette parabole. Ils comprenaient que les invités qui ne s'étaient pas présentés étaient les Juifs qui avaient rejeté Jésus, et que les remplaçants inattendus c'étaient eux, les non-Juifs. L'accent portait sur l'invitation étendue à tout venant. La parabole contient un appel "d'évangélisation" inhérent: "Venez, car tout est déjà prêt... afin que ma maison soit remplie".

Les lecteurs de Matthieu ont dû trouver la parabole pleine de *défi*. Ils comprenaient ceux qui venaient à la fête comme étant eux, les disciples qui étaient "venus" à Jésus. Bien que la première invitation n'ait été aucunement liée à leur condition morale du moment (remarquez le "méchants et bons" de Mt 22.10), le festin lui-même avait certainement des implications et des exigences morales. Les invités devaient avoir des "manteaux de justice".

Matthieu est l'évangile de "la justice". C'est le seul évangile qui souligne que Jésus a été baptisé pour "accomplir toute justice" (Mt 3.15, rappel sérieux pour ceux qui ne voient pas la nécessité du baptême). Les disciples sont appelés à faire de "son royaume et sa justice" leur premier et principal objectif dans la vie (Mt 6.33); ce n'est qu'à cette condition qu'ils peuvent se confier en Jésus pour qu'il leur fournisse tout ce dont ils ont besoin. Leur justice doit surpasser celle des Pharisiens (Mt 5.20).

Cet accent placé sur la justice (énoncée avec force détails dans le Sermon sur la Montagne) prouve que l'évangile de Matthieu est un "Manuel du disciple" pour l'Eglise primitive, enseignant aux nouveaux convertis à obéir à tout ce que Jésus a commandé (Mt 28.20). Matthieu comprenait parfaitement bien que nous ne sommes pas sauvés *par* la justice, mais *pour* la justice (voir Ep 2.8-10). Dans la parabole, la justice ne doit pas précéder l'invitation (qui s'adresse aux "méchants et bons") mais la fête.

Les théologiens discutent sur la justice "imputée" ou "impartie", une partie prétendant que seule la première est exigée. Anxieux d'attribuer à la grâce de Dieu en Christ jusqu'au plus petit bout du salut, ils voient la *justification* (par laquelle nous sommes déclarés innocents parce que nos péchés sont couverts par "son sang et sa justice") comme l'unique et suffisante qualification pour entrer au festin dans le royaume. Mais, quelque louable que soit la façon dont ils jalousent la grâce, ce point de vue ne rend pas pleinement justice à l'accent néo-testamentaire sur la nécessité de la sanctification, si nous voulons voir le roi (Hb 12.14).

La parabole en elle-même implique ce besoin d'un "effort" de la part des invités. Bien que l'invitation soit tout à fait gratuite, ceux qui l'acceptent sont responsables de changer de vêtements. Tout l'évangile de Matthieu est un appel lancé aux disciples pour qu'ils parviennent à une justice pratique dans leur conduite et leur caractère. Ils sont appelés à avoir faim et soif de justice (Mt 5.6), afin que ce qui leur a été "imputé" leur soit aussi "imparti", que ce qui leur a été crédité au ciel soit encaissé par eux sur la terre.

Cette interprétation des vêtements de noce est conforme au reste du Nouveau Testament. Luc, en rapportant les paroles adressées aux disciples et non aux pécheurs, souligne le besoin d'être prêts dans leur habillement (Lc 12.35). Paul dit à ses convertis de travailler à leur salut avec crainte et tremblement, car c'est Dieu qui opère en eux le vouloir et le faire des choses bonnes (Ph 2.13); il se sert constamment de cette métaphore d'un changement de vêtements (voir "se dépouiller" et "revêtir" en Col 3.9-14). Le livre de l'Apocalypse fait de même (Ap 3.4-5, 17-18); l'épouse "s'est préparée", parce qu'il "lui a été donné de se vêtir de fin lin, éclatant et pur", le fin lin étant un symbole des "œuvres justes des saints" (Ap 19.7-8). La sanctification, comme la justification, est "donnée" par grâce; mais aussi, comme elle, elle doit être reçue, revêtue et portée.

Nous en arrivons au point capital de notre étude, la raison pour l'inclure dans un livre sur l'enfer. Qu'arrive-t-il à la personne qui accepte l'invitation et vient quand on l'appelle, mais ne se soucie pas de changer de vêtements? En termes théologiques, nous étudions ceux qui veulent la justification, mais sans la sanctification. En termes plus simples, il s'agit de ceux qui veulent fuir l'enfer, mais ne font aucun effort pour se préparer à entrer au ciel.

La réponse est simple: ils se retrouvent en enfer. Bien que le mot même ne soit pas utilisé ici, le langage approprié s'y trouve: "jetez-le dans les ténèbres du dehors, où il y aura des pleurs et des grincements de dents" (Mt 22.13). Il est frappant que ces paroles dures ne sont pas appliquées à ceux qui ont refusé de venir (bien qu'ils aient été "tués" et leur ville "brûlée"), mais au seul homme venu sans s'être vêtu correctement. La permanence de son sort est insinuée par le commandement: "liez-lui les pieds et les mains" (Mt 22.13) donné avant de le "jeter" dehors. Il ne sera capable ni de rentrer furtivement, ni de s'emparer d'un peu de nourriture.

Ces mots ne figurent évidemment pas dans la version de Luc, puisqu'ils appartiennent à la partie ajoutée à l'histoire dans le deuxième récit. Même si Luc en avait eu connaissance, il ne les aurait sans doute pas employés. Ecrivant à des pécheurs, il a dû remarquer que Jésus n'employait que rarement un tel langage "infernal" avec ceux-ci (si ce n'est parfois avec les propres justes, mais en général seulement avec ses disciples) et Luc suivait son exemple. C'est donc à Matthieu, qui a rassemblé les paroles de Jésus pour ses disciples, que nous devons presque tous les enseignements de Jésus sur ce sujet terrifiant.

Nous avons jusqu'ici laissé de côté la déclaration qui clôt l'épisode: "Car il y a beaucoup d'appelés et peu d'élus" (Mt 22.14). On peut s'interroger pour savoir si c'était la conclusion de Jésus ou une parole isolée que Matthieu a ajoutée (ou même son propre commentaire). Quoi qu'il en soit, elle fait maintenant partie de la Parole inspirée de Dieu et est un élément intégrant de ce passage (remarquez le "car"). On rencontre deux lignes principales d'interprétation.

Une approche tire le principal contraste entre "appelés" et "élus". Elle considère en général la déclaration comme une entité isolée, avant de là relier à la parabole. Interprétés d'une manière calviniste, les "élus" prennent, dans le temps, place avec les "appelés" (en accord avec des textes comme Rm 8.30: "ceux qu'il a prédestinés, il les a aussi appelés"). Dieu nous a peut-être ordonné de prêcher l'évangile à tout le genre humain (Mt 28.19; Mc 16.15; Lc 24.47), mais seuls les "élus" répondront à l'invitation et viendront au festin. Puisqu'on ne peut résister à la grâce, que ce soit pour la justification ou pour la sanctification, non seulement les élus viendront au festin, mais ils y arriveront correctement vêtus. Tous ceux qui ne le feront pas prouveront ipso facto qu'ils n'avaient jamais été "élus" (on dit en général qu'ils n'étaient que des croyants "nominaux" qui n'étaient jamais "vraiment" nés de nouveau).

Il y a, dans cette façon de voir, quelques inconséquences. Si "élus" signifie ici "choisis, prédestinés", alors que

ETUDE BIBLIQUE B – Le festin de noces

veut dire "appelés"? Les calvinistes croient en un appel "efficace", qui parvient *toujours* à faire venir ceux qui sont appelés, en fait faisant des "appelés" et des "élus" exactement le même nombre! Mais dans la parabole, le roi a "appelé" ceux qui ont refusé de venir (et ne s'est-il par servi pour cela de la liste d'invités originale?). Les appelés forment clairement un groupe plus nombreux que les élus; et le roi est le sujet des deux verbes. Alors, est-ce que Dieu en appelle beaucoup mais n'en choisit que quelques-uns, taquinant ainsi la race humaine? Une telle déité arbitraire est une image offensante, impossible à réconcilier avec le Dieu qui "a tant aimé le monde" (Jn 3.16) et "veut que tous les hommes soient sauvés" (1 Tm 2.4).

L'autre possibilité est de donner à "appelés" un sujet humain: les serviteurs humains peuvent appeler beaucoup de personnes (par la prédication publique), mais leur maître divin ne choisira que quelques-uns des auditeurs. Mais si "appelé" est ainsi dégagé de ses connotations théologiques, pourquoi les retenir pour "élus"? Il semble que ce soit une division artificielle entre les deux verbes, en plus de leur donner des sujets différents.

L'autre approche tire le principal contraste entre "beaucoup" et "peu". Cette fois-ci on aborde la déclaration au travers de la parabole, et non indépendamment. Selon une interprétation arminienne, l'appel a lieu avant l'élection (dans ce contexte, mais pas nécessairement partout dans le Nouveau Testament). Ceci exige de libérer les deux verbes de leur contenu théologique ailleurs dans les Ecritures. En tant que résumé de la parabole, la déclaration dit tout simplement que le nombre de ceux qui sont (en définitive) élus est bien inférieur à celui de ceux qui étaient (à l'origine) appelés.

Les nombreux "appelés" (la Bible du Semeur nous aide en utilisant "invités" ici) comprennent à la fois ceux qui sont venus et ceux qui ne le sont pas. Les deux décisions tombaient sous l'entière et libre responsabilité des invités et ne dépendaient pas d'un décret prédéterminé du roi. De même, le défaut de préparation convenable était le résultat de la pleine et libre responsabilité de la personne concernée et non d'un décret prédéterminé du roi. Cependant, ceci ne réduit en rien la souveraineté du roi. Il avait le premier choix du nombre des invités. Après leur refus, il choisit leurs remplaçants. Et il avait le choix final de rejeter celui qui n'était pas vêtu correctement et de retenir ceux qui l'étaient. Mais, diront certains, sa volonté n'a-t-elle pas été bafouée par ceux qui ont refusé de venir, limitant ainsi son choix souverain? Au contraire, c'est le roi qui a choisi de ne pas les contraindre à venir; il aurait pu envoyer des soldats pour les arrêter après avoir envoyé des serviteurs pour les inviter. Mais il ne l'a pas fait, il a préféré avoir des invités volontaires pour honorer son fils. Il a préféré punir ceux qui avaient maltraité ses messagers, mettant en œuvre sa souveraineté sans déshonorer son fils (en remplissant la fête de visages renfrognés!). Le roi est aux commandes de tout, du début à la fin.

Il reste une difficulté avec cette deuxième façon de voir: le mot "peu" ne convient pas tout à fait à la parabole. Il y a eu à peu près autant de convives à la fin que ceux qui avaient été invités à l'origine, et seule une chaise est restée libre. Le nombre originel moins un mérite-t-il le titre de "peu"?

La différence peut être résolue si la déclaration est une addition à la parabole faite par Matthieu, soit comme une parole de Jésus prise dans un autre contexte, soit comme un commentaire inspiré personnel (pratique beaucoup plus commune dans l'évangile de Jean). Par là, il lie l'impact essentiel de la parabole à la situation de l'Eglise primitive telle qu'il la connaissait. Bien que dans l'histoire un seul des invités soit arrivé sans s'être vêtu convenablement, Matthieu n'était que trop conscient du nombre croissant de disciples de son époque qui tombaient dans cette même indolence et couraient, par conséquent, au-devant du même danger d'être rejetés à la fin. En fait, le principal mobile en écrivant son évangile était de renverser la tendance de "beaucoup" d'auditeurs qui acceptaient la bonne nouvelle mais dont "peu" faisaient des efforts pour se revêtir de la justice du royaume.

Son commentaire additionnel ne fait qu'un avec la conclusion du Sermon sur la Montagne (qui était adressé aux "disciples"; Mt 5.1), qui rappelle aux disciples les deux "chemins" qui sont devant eux; le chemin spacieux de la destruction, que beaucoup empruntent, et celui resserré qui mène à la vie, sur lequel peu voyagent (Mt 7.13-14). Ce même fil directeur parcourt les derniers des cinq "discours" (ou collections de paroles de Jésus) dans le livre de Matthieu; adressés aux douze, il les met en garde contre les conséquences éternelles de la paresse chez les serviteurs du Seigneur, décrivant celles-ci avec la même terminologie de l'enfer que dans cette parabole (Mt 24.45-25.46).

Qui oserait dire que ce message n'a rien à apporter sur la scène de l'Eglise contemporaine? Une évangélisation à bon marché offre un moyen garanti pour fuir l'enfer sur la faible base de la répétition d'une "prière du pécheur" (une minute). (Pour une évaluation motivée de cette procédure douteuse, voir le chapitre 31 de mon livre *La Naissance normale du chrétien*.) Les œuvres dignes de la repentance ne jouent qu'un rôle insignifiant, voir nul (cf Lc 3.8; Ac 26.20). La sainteté devient un supplément optionnel, faisant bénéficier de certaines bénédictions en plus ici-bas et dans l'au-delà. Ce n'est ni ce que l'évangile de Matthieu, ni ce que les apôtres, ont prêché.

Après tout, comme serviteurs du Roi, notre tâche est encore plus fondamentale que de persuader les *invités* à assister à la réception. Nous aidons en fait l'*épouse* à se préparer pour le mariage (Jn 3.29; Ap 19.7-8). Car lors de ce mariage de l'Agneau, il n'y aura aucune distinction entre les deux. C'est pour une telle épouse, sainte et sans tache, faite des invités qui se sont préparés, que Jésus s'est livré sur la croix (Ep 5.25-27).

Etude biblique C: Le troupeau divisé

Lecture: Matthieu 25.31-46

Les paraboles de Jésus, apparemment si simples quand on les lit, deviennent de plus en plus complexes à mesure qu'on les étudie! Ceux qui veulent barboter dans des interprétations sans profondeur perdent rapidement pied et doivent apprendre à nager ou à battre hâtivement en retraite. La parabole des "brebis et des boucs" ne fait pas exception.

Mais, après tout, est-ce une parabole, ou une prophétie directe concernant l'avenir? Et qui sont ces "frères" de Jésus: les Juifs, les chrétiens ou la race humaine tout entière? L'étendue du jugement est-elle individuelle ou nationale?

Ce passage est un "texte preuve" favori pour justifier de l'importance de l'action sociale. Les fréquentes citations des prédicateurs ont contribué à engendrer la notion du chrétien "pilier de bonnes œuvres". Le facteur décisif pour déterminer notre destinée éternelle semble être notre compassion pour les moins fortunés que nous et la sollicitude dont nous faisons preuve à leur égard. Mais n'est-ce pas là un salut par les œuvres? L'accent est mis sur ce que nous faisons pour les autres plutôt que sur ce que le Père ou le Fils font pour nous. Il n'est pas fait mention du besoin de pardon des péchés ou de sainteté du caractère. En fait, il serait difficile de voir un quelconque rapport avec la mort et la résurrection de Jésus, si nous avions là le principal tableau du Jour du Jugement. Qu'advient-il alors de l'évangile de la grâce?

Il y a clairement de grandes questions en jeu ici. Il faut poser les bonnes questions et trouver les réponses justes. La Parole de Dieu doit être étudiée avec soin pour réussir à l'utiliser comme il faut.

Parabole ou prophétie?

Les lecteurs ont peut-être été déroutés par le fait que la section qui précède ce discours dit "de l'Oliveraie" comprend une série de paraboles ayant trait au retour de notre Seigneur (les vierges et les talents).

Ces récits tout en contenant la vérité (ou, plutôt des vérités) sont clairement de la fiction. Le personnage central (qui revient "longtemps après") n'est pas nommé. Les verbes sont au passé, comme si les événements avaient déjà eu lieu.

Tout cela change avec le verset 31. Le temps des verbes passe au futur, le personnage central est identifié et le contenu réel. Les événements ne se sont pas encore déroulés, mais cela arrivera.

Pourtant il y a un élément allégorique ou, pour être plus précis, une prédiction qui inclut une analogie ("comme un berger..."). Une observation tirée de la vie rurale (typique de l'enseignement de Jésus) est utilisée pour mettre en lumière un principe spirituel.

Il est bien connu que les bergers bédouins font encore paître ensemble brebis et boucs (ou chèvres), bien qu'ils les distinguent aisément par la silhouette et par la couleur. Bien entendu, ils doivent de temps en temps les séparer, pour la traite, la tonte ou la vente. Mais cela arrive aussi journellement, quand les espèces moins solides sont mises à l'abri pour être protégées des froides nuits du Moyen-Orient. Cependant, c'est le fait de la séparation, plutôt que son but, qui constitue l'objet de l'analogie.

Mes connaissances ne me permettent pas de dire si le fait de mettre les brebis à la droite du berger était une pratique habituelle et systématique. Le verset 33 pourrait s'éloigner de la métaphore et rentrer dans la prophétie (ou mélanger plusieurs métaphores, comme avec le berger qui dresse une table pour la brebis en Ps 23.5!). Si l'on prend ce verset de façon trop littérale, il n'y aurait que des animaux au ciel ou en enfer! Nous revenons sur la scène humaine, où la main droite est une place d'honneur et la gauche l'opposé.

Ce serait aussi une erreur que de souligner que les brebis et les boucs (ou chèvres) constituent deux espèces différentes, faisant de leur nature héréditaire la base de la séparation. C'est ce qui est souvent fait dans l'intérêt de la théologie, interprétant le jugement comme une simple division entre les régénérés (les brebis sont nées de nouveau) et les non-régénérés (les boucs sont nés dans le péché), leurs natures différentes se révélant dans leurs attitudes et actions différentes. Mais ceci pousse trop loin l'analogie, la changeant en allégorie. La simple ressemblance ("...comme le berger sépare...") ne fait que souligner ce qui arrive à la fin de ce jour-là. En réalité, comme Jésus le montre clairement, la division est faite sur la base du comportement et non sur celle de la naissance. Nous devons garder présent à l'esprit que Jésus s'adressait aux douze et non au public en général. Pourquoi avaient-ils besoin d'un avertissement aussi solennel?

Nous devons nous garder de lire dans l'analogie plus que ce que Jésus entendait à l'origine. Il n'était pas en train de revendiquer sa place dans la lignée des rois bergers (bien qu'il soit en fait, et est encore, le Bon Berger et le Roi des rois). Ici, il n'agit qu'en tant que Roi siégeant sur le trône pour juger, même s'il juge ceux qu'il a jusque-là fait paître.

Il ne souligne pas non plus la différentiation entre les espèces. Certains commentateurs évangéliques se sont emparés de cet aspect pour tenter d'évacuer les implications apparentes qui en découlent pour le salut par la foi et la sécurité du croyant. Bien que Jésus explique qu'ils sont séparés sur la base de leur comportement, certains prétendent que le véritable fondement était celui de leur naissance, "de nature". Sous cet angle, les boucs sont les non-régénérés (le vieil homme en Adam) et les brebis sont les régénérés (l'homme nouveau en Christ), deux espèces tout à fait différentes, séparées à la fin par ce qu'elles *sont* et non par ce qu'elles *font,* point de vue qui rend la majeure partie des explications que le Juge donne de son verdict tout aussi hors de propos! En fait, le Fils de l'homme divisera une espèce (les humains), en raison de leurs actions (ou de leur manque d'action).

Quand aura lieu ce jugement?

Quel jugement?

Quelques lecteurs seront surpris qu'on pose une telle question. Bien sûr il s'agit du grand Jour du Jugement, devant le "grand trône blanc", quand toute la race humaine viendra rendre des comptes et que la destinée éternelle de chaque individu sera décidée, juste après le retour de Christ.

Si seulement c'était aussi simple! Cependant, une opinion très répandue, connue sous l'appellation "dispensationalisme" (associée à des noms comme Darby, Scofield et Lindsay), a établi une distinction entre le jugement des pécheurs par Dieu (pour le châtiment) et le jugement des croyants par Christ (pour la récompense), comme deux événements complètement distincts. Matthieu 25, qui ne correspond à aucun des scenarii, est un troisième jugement: celui des nations, en tant que nations, à cause de leur attitude à l'égard de la nation d'Israël pendant la "grande tribulation" à la fin de l'histoire (après que l'Eglise ait été "enlevée" hors du monde).

La place manque pour une critique approfondie de cette position (qui interprète "royaume" d'une manière uniquement future, juive et terrestre). Il nous suffit de dire que Dieu a nommé Jésus pour juger le monde (Ac 17.31), que visiter les malades et les prisonniers n'est guère une activité nationale, que "nations" se réfère à des groupes ethniques plus qu'à des Etats politiques, que "séparer les uns d'avec les autres" indique une responsabilité individuelle et que ce serait la seule fois où Jésus appellerait les Juifs, ses "frères"

ETUDE BIBLIQUE C – Le troupeau divisé

(bien que Pierre et Paul l'aient tout deux fait; Ac 3.17; Rm 9.3). Par-dessus tout, l'issue de vie ou de châtiment éternels, destinées appropriées pour des individus plus que pour des nations, indique qu'il s'agit bien du jour final de jugement.

Malgré tout, il y a aussi un problème pour les défenseurs d'un point de vue pré-millénariste du futur (remarquez que tous les dispensationnalistes sont prémillénaristes, mais que ce n'est pas réciproque). En prenant Apocalypse 20 au pied de la lettre, il apparaît que la résurrection des justes aura lieu lors du retour du Seigneur, c'est-à-dire mille ans avant la résurrection générale et le jugement dernier (voir l'Etude Biblique J pour de plus amples détails). Alors où donc se situe Matthieu 25? Avant ou après le "millénium", puisqu'il semble être le jugement dernier et a pourtant lieu "quand le Fils de l'homme viendra"? Les "brebis" appartiennent à la "première" résurrection et les "boucs" à la "seconde", pourtant tous sont jugés en même temps!

C'est une véritable énigme, mais qui peut être résolue en reconnaissant les traits bibliques d'un raccourci prophétique, le condensé de l'avenir qui rapproche des événements futurs très éloignés et les fait entrer dans un même tableau pour mettre en lumière un choix moral du présent (on en a un exemple dans la prédiction vétéro-testamentaire de la venue du "Messie" aux "derniers jours", ce que nous comprenons maintenant comme deux venues distinctes et très éloignées dans le temps l'une de l'autre).

Bien sûr, il n'y a aucun problème pour les tenants du post-millénarisme (le millénium serait les mille dernières années de l'histoire de l'Eglise) ni pour les a-millénaristes (le millénium représente toute l'histoire de l'Eglise, avoisinant déjà les deux mille ans). Pour chacun d'eux le retour de Christ est suivi immédiatement par le Jour du Jugement.

Cette discussion peut, malheureusement, nous détourner du message fondamental et de l'interpellation que nous adresse ce jugement, quel que soit le moment où il aura lieu. Les considérations importantes à rechercher sont la *base* du jugement et son *résultat.*

La base du jugement

Les personnes sont séparées en raison de ce qu'elles ont *fait*, non de ce qu'elles *sont.* C'est leur attitude, exprimée par l'action, qui est le facteur décisif. L'Ecriture nous enseigne de façon régulière que tout jugement divin est fondé sur les "œuvres", ou actes (cf Rm 2.6, citant Ps 62.13 et Pr 24.12; 2 Co 5.10; Ap 20.12).

Mais il est essentiel de noter que le critère n'est pas ici simplement *ce qui* a été fait (ou pas fait), mais *à qui* cela a été fait. Le point crucial est donc l'identification de "l'un de ces plus petits de mes frères". De qui Jésus veut-il parler?

Le point de vue "dispensationaliste" selon lequel il parle de la nation juive pendant les derniers jours de l'histoire mondiale semble beaucoup trop *étroit,* tant dans le temps que dans l'espace. Rien, dans le texte même, ne laisse penser à une application aussi limitée. Cette interprétation semble résulter d'une tentative à faire entrer ce passage dans un programme eschatologique particulier.

D'autre part, le point de vue habituel "libéral" qui veut que Jésus parle de tous les nécessiteux semble trop *large* (et contribue beaucoup à encourager le salut par les œuvres). La fraternité universelle des hommes, et la paternité universelle de Dieu, caractérisent davantage "l'évangile social" que les enseignements de Jésus. Il ne s'est jamais inclus dans l'expression "notre Père", a parlé de "mon Père" (comme au verset 34) et a appris à ses disciples seuls à appeler Dieu "Père"; en fait, il est douteux qu'il ait jamais employé ce mot en parlant au public en général (les perles ne doivent pas être données aux pourceaux; Mt 7.6). En d'autres termes, Jésus ne considérait comme ses "frères" que ceux qui étaient entrés dans une relation avec son Père par la foi en lui. C'est pourquoi, il utilisait fréquemment le terme "frères" pour décrire les disciples (Mt 10.40, 42; 12.48; 23.8; 28.10), mais ne l'employait pour nul autre. C'est aussi le titre donné le plus fréquemment à ses disciples dans le reste du Nouveau Testament.

Avant de poursuivre, il faut exposer deux points mineurs. En parlant de *"ces* plus petits de mes frères", le "roi" semblerait indiquer un groupe présent en cette occasion (il est aisé de se le représenter en train de les montrer du geste). Attire-t-il l'attention sur les brebis déjà mises à sa droite (dit-il aux brebis de regarder autour d'elles le groupe qu'elles forment, et aux boucs de regarder celui qui est en face d'eux)? Ou y a-t-il un troisième groupe non mentionné entre les brebis et les boucs, soit devant soit derrière lui? Le premier cas semble plus probable. L'autre point significatif est ce que recouvre l'expression "l'un des plus petits". Ce qui a le moins de valeur peut en avoir le plus! Les évaluations terrestres sont tout à fait impropres. Le plus humble des disciples est important pour Jésus, d'une infinie valeur à ses yeux.

De plus, Jésus prend tout *personnellement.* Tout ce qui est fait (ou pas fait) à l'un de ses disciples lui est fait (ou pas fait) à lui. Ce n'est pas seulement parce qu'ils sont de la famille. La solidarité est plus grande que celle d'une famille. Comme Israël était "la prunelle des yeux de Dieu" (l'iris, la partie externe la plus sensible du corps), de même les disciples de Jésus sont son corps. Les aider ou les blesser, c'est l'aider ou le blesser lui-même (comme Saul de Tarse l'a découvert sur le chemin de Damas, quelque chose qui en le dessillant l'a aveuglé! Ac 9.3-9).

C'est la *véritable* base du jugement. La séparation s'opère sur la base de l'attitude de chacun envers le "roi" *en personne,* telle qu'elle est mise en évidence (soit prouvée positivement, soit niée négativement) par ses attitudes envers les disciples du roi. Ces derniers sont si intimement liés à lui que c'est pure hypocrisie que de professer l'aimer sans les aimer (1 Jn 4.20 souligne que les frères sont la partie visible du Seigneur; si l'amour ne peut être démontré envers le visible, comment peut-il être réel envers l'invisible?). L'amour des frères est un élément essentiel de la vraie vie de disciple (Jn 13.34) et le test fondamental du véritable enfant de Dieu (1 Jn 3.10). Il est très significatif que cette description du jugement dernier n'ait pas été donnée au public en général, mais aux douze apôtres "en privé" (Mt 24.3).

Le résultat du verdict

Nous pouvons passer aisément à côté de l'essence de ce qui suit, en se fixant sur le lieu plutôt que sur la personne. Le trait le plus important n'est pas *le lieu* où les deux groupes se sont retrouvés, mais *la personne* avec qui ils se sont retrouvés.

Tout comme leur attitude envers le Roi a décidé de l'issue de leur destinée, sa présence ou son absence sera la principale caractéristique de cette dernière. La récompense sera *"Venez"* partager le royaume (en tant que ses frères, ils sont aussi fils et héritiers de son Père). Etre avec le Père et le Fils c'est être béni, jouir de la qualité suprême de "vie", hériter de l'héritage préparé pour eux depuis la fondation du monde.

Le châtiment est *"retirez-vous"* de sa présence pour toujours. C'est être "maudit", partager le même sort que le diable, dans une situation qui a elle aussi été "préparée" à l'avance.

Notons en passant que les anges partagent les deux destins. Il y a là-haut des "brebis" et des "boucs" comme ici-bas. Il y a des anges loyaux envers le Roi, qui prennent déjà soin de ses frères et qui l'accompagneront à son retour sur terre. Et il y en a d'autres (un sur trois, si c'est à eux que se réfèrent les "étoiles" d'Ap 12.4) qui se sont ralliés à l'archange rebelle, Satan, et qui, en tant qu'anges, oppriment les frères du Roi.

Les deux destins sont "éternels". Au minimum, cela signifie que les verdicts sont définitifs, sans appel ni libération sur parole pour les coupables et sans révision ni annulation pour les acquittés. L'emploi du même adjectif pour qualifier la "vie" et le "châtiment" semble indiquer, à la simple lecture honnête, que l'une durera aussi longtemps que l'autre (voir le chapitre 3 pour une discussion sur le sens de "éternel", quantité ou qualité de temps; la plupart des savants sont d'accord sur la double signification). Pourtant, une minorité qui ne cesse de grandir, prétend que l'*effet* du châtiment sera sans fin, mais pas l'*expérience* de celui-ci. Les coupables seront détruits par le feu (si bien qu'on se demande pourquoi le feu serait "éternel"). Cette façon de voir établit une distinction entre châti*ment* (qui est pour l'éternité) et châti*er* (qui n'est que pour un temps), ce dernier terme s'appliquant à la souffrance consciente (que la Bible appelle "tourment"). Pourtant le Nouveau Testament stipule clairement que le diable sera "tourmenté jour et nuit, aux siècles des siècles" (Ap 20.10). On peut supposer que le même sort attende ceux qui le rejoignent dans le feu. Quoi qu'il en soit, c'est à ceux qui prétendent le contraire qu'il convient d'en fournir la preuve. Rien, dans ce passage, ne fournit le moindre indice que le feu ait un effet entièrement différent sur les mauvais anges et sur les mauvais humains.

Le message essentiel

Nous passons parfois à côté de ce qui est évident en nous penchant sur les détails au lieu de considérer l'ensemble, ou en nous concentrant sur les pensées au lieu des sentiments. Quel est le trait le plus frappant de cette "parabole" prophétique des brebis et des boucs? C'est assurément l'effet de surprise, qui doit avoir étonné les premiers auditeurs.

Le Jour du Jugement sera plein d'imprévus. C'est un thème constant sur les lèvres de Jésus. Les premiers seront les derniers. Ceux qui l'appellent "Seigneur" ou emploient son nom dans un ministère de "délivrance" ne se retrouvent pas tous parmi les brebis (Mt 7.21-23).

Les "brebis" comme les "boucs" expriment leur surprise, même leur choc, devant le verdict du roi. Chacun des deux groupes a été tout à fait inconscient de la portée de son activité (ou inactivité). Les meilleures choses que nous faisons sont peut-être celles que nous faisons sans en avoir conscience. La caractéristique la plus choquante de la propre justice est la conscience de soi (Lc 18.11-12 en est un cas classique). La réaction des boucs ("Si nous avions su que c'était *toi*, nous aurions fait quelque chose") révèle que le défaut fatal de leur attitude est encore en eux: ils continueraient à mépriser "le plus petit" et n'aideraient que le plus important.

Mais la plus grande surprise pour le lecteur d'aujourd'hui vient du contexte, et en particulier du fait que cet avertissement ne s'adressait pas au public en général (qui l'aurait probablement aussi mal compris à l'époque qu'aujourd'hui), mais *aux douze disciples.* Cependant, le discours dans son ensemble (Mt 24-25) est corsé d'avertissements sur l'enfer! Eux-mêmes pouvaient se retrouver dans les ténèbres du dehors, à pleurer et grincer des dents, entourés du diable et de ses anges dans le feu éternel, comme ce fut, d'ailleurs, le cas de l'un des leurs (Judas Iscariot - Jn 6.70-71; 17.12; Ac 1.25).

Et, comme si tout cela ne suffisait pas, l'accent à été mis tout le long sur les péchés par omission et non sur ceux par commission, sur les choses qui n'ont pas été faites, et non sur celles qui l'ont été: oublier de nourrir la maisonnée, de se procurer suffisamment d'huile pour garder sa lampe allumée, d'utiliser ses talents, d'aimer les frères; en un mot la négligence! Ce seul travers mérite de "partager le sort des hypocrites" (Mt 24.51).

Les douze avaient commencé en posant des questions sur le temps et les signes du retour de Jésus sur la planète terre. Jésus a satisfait leur curiosité (sauf en ce qui concerne la date précise, qu'il ne connaissait pas lui-même). Après cela, il leur a renvoyé leurs questions (comme il le faisait souvent), en leur disant que sa venue précipiterait une crise pour ses propres serviteurs. Seraient-ils prêts?

Le véritable test de leur préparation ne sera pas leur réaction aux signes de son apparition imminente, mais leur comportement pendant ce "longtemps" où il aura été absent (remarquez l'accent placé sur le retard en Mt 24.48; 25.5,19). La véritable question ne sera pas ce qu'ils seront en train de faire à son arrivée, mais ce qu'ils auront fait (ou plus précisément, *pas* fait) pendant son absence.

Ce passage fournit à tous les disciples une puissante motivation: être vigilants pour son retour, diligents à son service et bienveillants envers ses frères. La paresse n'est-elle pas, après tout, un péché mortel, peut-être le plus mortel et assurément celui qui endort le plus!

Etude biblique D: Les tombes ouvertes

Lecture: Matthieu 27.52-53

Quand Jésus est mort, beaucoup de choses étranges se sont passées. Le voile qui cachait l'intérieur du temple se déchira (du haut en bas, ce qui indique l'agent divin et non humain, car il mesurait douze mètres de hauteur). Le soleil eut une éclipse de trois heures (encore un événement plus surnaturel que naturel). Il y eut un tremblement de terre (qui convainquit l'officier romain chargé de l'exécution que Jésus était "Fils de Dieu").

Le tremblement de terre eut des effets aussi sur les morts: l'ouverture de nombreuses tombes dans la vallée du Cédron à l'est de Jérusalem. Le paysage y est rocheux, avec peu de terre. Seuls les riches, comme Joseph d'Arimathée, pouvaient se permettre un caveau taillé; la plupart des gens étaient enterrés dans des tombes très peu profondes, couvertes de pierres plates. Ce sont celles-ci qui ont été ébranlées par la secousse. Les restes restèrent exposés aux éléments. Personne ne se serait soucié de réparer les dégâts pendant la Pâque, puisque le contact avec les morts signifiait une impureté rituelle. S'ils s'en étaient souciés, ils auraient été étonnés de découvrir que les os avaient disparu.

Trois jours plus tard, au cours d'une secousse secondaire, un ange roula la pierre loin de l'entrée de la tombe de Jésus. Son corps disparut à son tour, ne laissant sur place que le linceul. Plus tard, ce même jour, Jésus se présenta à sa famille, ses amis et ses disciples. Par la suite, les autres qui avaient quitté leur tombe avant lui apparurent aussi à ceux qu'ils avaient connus de leur vivant. Quelle rumeur doit avoir déferlé sur la ville ce soir-là, alors que des familles choquées et éberluées restaient à se pincer pour voir si elles ne rêvaient pas!

Cette partie de l'histoire évangélique est si incroyable qu'aujourd'hui encore les chrétiens semblent embarrassés de la mentionner ou même d'y penser. Il semble que cela dépasse les limites de leur crédulité. Néanmoins il est à la fois possible et nécessaire de découvrir la signification de cet événement extraordinaire.

Mais s'agit-il d'un événement, ou cela relève-t-il du domaine de la légende, qui entoure toujours le souvenir des personnalités historiques remarquables? Pour ceux qui considèrent la Bible comme la Parole inspirée de Dieu, la question ne se pose même pas, bien qu'eux aussi semblent éviter cette section particulière. Pour les autres, soulignons simplement que Matthieu était receveur des impôts, probablement peu sujet aux hallucinations et rumeurs! Et on pourrait se demander quelle raison l'aurait poussé à transmettre cette information, autre que le fait d'être authentique. Il a dû savoir que cela réduirait sa crédibilité en tant que témoin fiable.

Le commentaire à faire maintenant est qu'une fois acceptée la résurrection de Jésus, il y a moins de difficulté avec celle des autres. En fait, Jésus avait déjà ressuscité d'autres, en général quelques heures après leur mort (la fille de Jaïrus et le fils de la veuve de Naïn) mais une fois après quatre jours, quand la putréfaction avait déjà commencé (Lazare de Béthanie).

D'autres passages de l'Ecritures contiennent des événements similaires. Sur la montagne de la Transfiguration (probablement l'Hermon plus que le Tabor) Jésus s'entretint avec Moïse et Elie, qui étaient tous deux morts depuis des siècles. La sorcière d'Eyn-Dor permit au roi Saül de rencontrer le prophète Samuel qui était mort. Il faut ajouter que dans aucun de ces deux derniers cas, il n'est fait mention de tombe vide; on pourrait donc les classer comme apparition d'esprits, plutôt que résurrection des corps.

Il y a un incident remarquable lié au prophète Elisée, un "type" de Jésus sous plusieurs rapports (comme c'est le cas d'Elie pour Jean Baptiste). Il avait ressuscité un mort (le fils de la veuve de Sunem, village voisin de Naïn) et nourri une foule nombreuse avec quelques petites miches de pain. Une fois Elisée mort et enterré, d'autres funérailles eurent lieu dans le même cimetière; une bande de brigands interrompit la cérémonie et le cadavre de l'homme fut jeté en hâte dans la tombe d'Elisée. Sur ce, le cadavre reprit immédiatement vie et se tint sur ses pieds!

Ainsi l'incident rapporté par Matthieu n'est pas le seul de son genre à brouiller la frontière entre les vivants et les morts. Le trait commun à chacun d'eux est l'implication claire que la mort n'est pas la fin de l'existence de l'individu, pas même celle du corps.

Des récits de tombes vides sont bien plus en accord avec la croyance hébraïque en la résurrection du corps qu'avec celle grecque de l'immortalité de l'âme. Les Hébreux croyaient aussi dans un Créateur éternel (capable de faire quelque chose à partir de rien), alors que les Grecs avaient tendance à croire à une création éternelle (Aristote apparaissant comme le premier enseignant d'une théorie de l'évolution). La résurrection exige l'intervention surnaturelle d'une divinité créatrice. Pour Matthieu, la résurrection de ces "saints" serait une preuve suffisante de l'activité divine en ce premier jour de Pâques.

Il reste néanmoins des questions. Qui sont ceux qui sont ressuscités? Siméon et Anne étaient-ils de leur nombre? Ont-ils parlé à qui que ce soit, ou n'ont-ils qu'été vus? Où sont-ils allés? Sont-ils retournés dans leur tombe? Ont-ils recommencé à vivre sur terre jusqu'à ce qu'ils meurent à nouveau? Sont-ils "montés au ciel" avant, avec ou après

Jésus? Notre curiosité ne sera peut-être pas satisfaite avant que nous ne les rejoignions!

Un aspect rend à juste titre perplexe, en raison de ses implications doctrinales. Quel genre de corps avaient-ils quand ils sont apparus? Etait-ce leur ancien corps ressuscité (auquel cas ils devraient mourir à nouveau, comme Lazare)? Ou s'agissait-il d'une apparition de leur esprit (comme pour Samuel, dans ce cas leurs restes n'ont pas quitté les tombes ouvertes)? Ou encore, avaient-ils obtenu de nouveaux corps glorieux (comme Jésus, dans ce cas ils ne mourraient jamais plus)?

Cette dernière possibilité soulève d'énormes problèmes. Non seulement Jésus cesserait d'être le "premier-né" d'entre les morts, puisqu'ils ont été ressuscités trois jours avant lui (tout en n'ayant été vus qu'après); cela constituerait aussi une exception unique au principe selon lequel tous les saints doivent attendre le retour de Jésus sur terre pour sa seconde visite avant de ressusciter (1 Th 4.16). Les saints de l'Ancien Testament sont inclus dans cette attente (Hb 11.40) et même la création tout entière doit faire preuve de patience (Rm 8.22). L'ordre de résurrection est clair: "Christ comme *prémices,* puis ceux qui appartiennent au Christ, lors de son avènement" (1 Co 15.23).

On peut dire une chose: la crucifixion de Jésus a eu des répercussions cosmiques. Elle n'a pas seulement causé un tremblement de terre; elle a aussi touché le monde des morts, libérant ses habitants de leur mortalité. Les portes du séjour des morts ne pouvaient prévaloir contre celui qui en possédait les clefs (Ap 1.18). La mort de Christ a été en fait "la mort de la mort" (expression inventée par le puritain John Owen). Car c'est à la mort de Jésus et non à sa résurrection que les tombes s'ouvrirent et les morts furent libérés. Le prince de ce monde, dont l'emprise sur la race humaine se faisait par l'esclavage sous la peur de la mort (Hb 2.14-15) était désormais lui-même jeté dehors (Jn 12.31).

Il est également significatif que seuls des "saints" soient ressuscités. Il ne s'agissait pas d'un acte rédempteur mais d'une récompense. Sous cet angle c'était un avant-goût de la "première" résurrection des justes, plus que de la seconde "générale" précédant le Jour du jugement (Ap 20.5; voir Etude Biblique J).

Cependant, cet événement reste exceptionnel, témoin du caractère unique de cet autre événement qu'il a accompagné. Tel quel, il ne peut servir à établir une quelconque doctrine chrétienne concernant l'avenir; il reste isolé dans le passé. C'est une belle preuve de l'authenticité du récit évangélique qu'une aussi délicate information y ait été fidèlement rapportée. Cela nous encourage à accepter le récit comme il est et à nous humilier devant ce que nous ne comprenons pas complètement.

Etude biblique E: L'homme riche

Lecture: Luc 16.19-31

Luc 16 contient deux paraboles très insolites, l'une présente un dilemme éthique, l'autre des difficultés théologiques! On pourrait les appeler: "Le bon méchant homme" et "Le pauvre homme riche".

C'est la seconde qui nous préoccupe pour le moment, puisqu'elle est la seule à décrire l'existence posthume. C'est aussi la seule qui introduise des noms propres: Lazare et Abraham (*Diues* fut attaché plus tard et n'est que le mot latin pour "riche").

Quatre grandes questions d'interprétation requièrent notre attention. La première: l'imagerie originale est-elle de Jésus ou de la tradition juive? La seconde: la description relate-t-elle un fait (des personnes et des lieux réels) ou une fiction? La troisième: La situation renversée dans l'autre monde résultait-elle des circonstances matérielles ou du caractère moral? La quatrième: le "tourment" avait-il lieu dans le séjour des morts ou en enfer (c-à-d, avant ou après le Jour du Jugement)?

Avant de les aborder, il serait bon de regarder tant le contexte que le contenu de l'histoire. Comme le premier indique d'ordinaire l'idée maîtresse du second, il serait utile de commencer par lui.

Il existe un certain nombre de liens entre ce que nous appelons les chapitres 15 et 16 (souvenez-vous que Luc n'a pas divisé son récit de cette manière, qui sépare souvent ce que Dieu a uni); et parmi eux certains ont spécifiquement trait au vocabulaire. Le premier des deux chapitres considère deux scenarii parallèles d'une situation de perte. Il ouvre sur une brebis perdue, loin de chez elle et, à sa façon, consciente de l'être, puis c'est une pièce de monnaie, perdue dans la maison et évidemment inconsciente de son état. Ensuite, c'est l'histoire de deux fils perdus, l'un loin de chez lui, l'autre encore à la maison, le premier prenant conscience de son état, le deuxième l'ignorant. Les deux sont animés d'une attitude mercantile à l'égard de leur père "prodigue", qui ne leur a pas seulement donné son argent, mais est "sorti" pour les rencontrer tous deux.

Il est significatif que les deux histoires du chapitre 16 aient une introduction identique: "Il y avait un homme riche..." La première des deux correspond au plus jeune des fils du chapitre précédent – ce dernier et l'intendant ont tous deux dissipé l'argent de quelqu'un d'autre (le verbe est absolument le même en 15.13 et 16.1) et tous deux ont enfin racheté la situation (l'un en revenant à la maison y rencontrer son père, l'autre en réduisant les dettes pour se faire des amis).

Le second homme riche correspond au frère aîné. On discerne chez les deux la présence d'égoïsme et l'absence de compassion. Il est important de noter que l'accent de chacun des chapitres est centré sur cet acteur-là de la scène (bien que la plupart des sermons d'évangélisation mettent en lumière le plus jeune fils, pour des raisons évidentes). Qui est donc représenté par ce deuxième personnage?

Le fait que toutes les paraboles, sauf une, aient été prononcées devant un public de Pharisiens (et de leurs associés intellectuels, les "scribes") est significatif; en réalité, les récits leur sont précisément adressés. Au commencement, leur attitude est très critique à l'égard du comportement de Jésus ("il accueille les pécheurs et mange avec eux"); plus tard ils deviennent cyniques à propos de sa déclaration sur l'incompatibilité de Mammon et de Dieu comme objet de dévotion personnelle. Comme ils étaient parvenus à être tant riches que religieux, leur propre justice arrogante pouvait regarder de haut l'enseignant sans le sou.

Jésus les accusa de mépris à l'égard de la loi (commettant ouvertement l'adultère par le biais du divorce et du remariage) et à l'égard de l'évangile (en ne s'en emparant pas avec empressement, comme le faisaient les autres). Leur prétention à associer richesse et piété a peut-être réussi à impressionner leurs contemporains, mais elle n'a pu tromper Dieu, qui connaissait l'état de leur cœur.

Si la parabole de l'escroc malin avait choqué la moralité de ses auditeurs, la suivante allait choquer leur matérialisme. Avec une clarté dévastatrice, Jésus met en opposition la vie de ceux qui accumulent les richesses de ce monde et le lot qui leur est réservé dans celui à venir. C'est le plus fort de ses avertissements contre les risques de la richesse.

La parabole est construite autour d'une double comparaison entre les deux personnages principaux d'une part et les deux phases de leur existence (avant et après la mort) d'autre part. L'idée centrale est le renversement total des circonstances. Mais l'objet principal est l'homme riche (le mendiant reste silencieux pendant toute la saga), qui est délibérément laissé sans nom, de sorte que les membres de l'auditoire puissent y mettre le leur (tout comme Jésus les avait déjà poussés à s'identifier avec le frère aîné; voir 15.2 avec 15.28-32).

La parabole même n'a guère besoin qu'on la commente. Jésus est très économe de paroles quand il peint le tableau vivant, dramatique et mémorable du sort irrévocable qui attend ceux qui ont joui des biens de la vie sur terre. Mais elle soulève de nombreuses questions d'interprétation et d'application. Nous devons maintenant étudier les quatre mentionnées précédemment.

Originale ou traditionnelle?

Jésus révélait-il de nouveaux aperçus dans la vie de l'au-delà ou se servait-il d'idées anciennes? La compréhension fondamentale qu'il avait de l'avenir était-elle nouvelle ou connue de ses auditeurs juifs?

On trouve dans la parabole même, l'invocation implicite que "Moïse et les prophètes" (ce que nous appelons l'Ancien Testament) contiennent suffisamment d'avertissements sur le châtiment à venir. Pourtant, le fait demeure qu'il y a une pénurie d'information sur ce point dans les Ecrits hébreux.

Nous pouvons dire tout au plus qu'on y trouve partout un enseignement conséquent sur la justice de Dieu et le jugement inévitable du péché. Le jour du règlement des comptes viendra assurément. On y trouve aussi des prophéties précises contre l'accumulation de richesses, en particulier quand elle inclut l'exploitation des pauvres, ou l'indifférence à leurs supplications.

Mais le présupposé général est que tant la rétribution du bien que le châtiment du mal seront faits dans cette vie. Le *schéol* (l'équivalent hébreu du grec: *hadès*), monde des morts et des esprits désincarnés, est considéré comme une existence ténébreuse d'inactivité inconsciente, privée de toute communication des uns avec les autres et avec le Seigneur.

Cependant, il apparaît clairement que, durant les quatre cents ans qui ont séparé le Nouveau Testament de l'Ancien, quelques Juifs avaient conçu des concepts plus précis. Tandis que les Sadducéens libéraux conservaient leur scepticisme sur la survivance au-delà de la tombe, les Pharisiens plus conservateurs croyaient en la résurrection, le jugement, le ciel et l'enfer. La littérature qui couvre cette période (que nous appelons les livres "Apocryphes", ce qui signifie "cachés", parce qu'ils ne sont pas publiés ouvertement dans le "canon", ou "règle", de l'Ecriture) contient un certain nombre de paroles et de concepts que l'on retrouve dans la parabole (par exemple: Hénoch et 2 Esdras).

Il semble que les auditeurs de Jésus étaient bien accoutumés à cette description de la vie dans l'au-delà, surtout s'ils étaient des Pharisiens (v. 14). En fait, c'est la méthode parabolique: comme tout bon enseignement, elle commence par une situation et un événement qui peut être connu ou compris de ses auditeurs (la seule différence ici est que ce qui est familier est tiré non de cette vie mais de l'autre). Le but principal de l'histoire n'est pas de fournir des informations, mais de mettre en question des présupposés.

Toute parabole contient une surprise, un trait inattendu qui n'est pas courant. Dans le cas présent, le choc ne vient pas du sort qui est réservé aux deux hommes après la mort, mais de sa répartition! Que celui qui souffre les tourments soit l'un des membres du peuple choisi de Dieu (remarquez "Père Abraham" au verset 24; voir Jn 8.39-41) et de plus à un homme riche, a dû férir un coup terrible à leur suffisance (à l'époque, comme aujourd'hui, la richesse était considérée comme un signe de la bénédiction et de l'approbation de Dieu, la pauvreté signifiant l'opposé).

Notre conclusion est que Jésus s'appuyait sur leur schéma fondamental de pensée concernant la vie après la mort, tout en introduisant une tournure surprenante pour percer leur arrogance confortable. Mais le schéma de pensée était-il le sien, tout autant que le leur?

Fait ou fiction?

La parabole n'est-elle "qu'une histoire"? Tout en acceptant le défi qu'elle lance comme réel, allons-nous prendre le reste comme un guide bien informé sur l'avenir? En se servant du schéma de pensée de ses auditeurs, Jésus y apposait-il le sceau d'approbation de sa propre connaissance?

A un extrême, on trouve ceux qui le rejettent comme étant

un mythe contenant une vérité, une fable avec une morale, qu'il convient de traiter comme un produit de l'imagination et non comme une mine d'information. L'idée centrale de la parabole est la seule partie à prendre de façon littérale, ou même sérieuse; le reste n'est que fiction.

A l'autre extrême, on trouve ceux qui ne la considèrent pas du tout comme une "parabole". Partant du trait inhabituel d'un personnage explicitement *nommé* (seul cas de toutes les histoires racontées par Jésus), ils voient ce récit comme un reportage direct d'événements réels ayant déjà eu lieu: connus de Jésus et peut-être également de ses auditeurs. Le nombre exact des frères encore vivants (cinq) est une indication supplémentaire, bien que n'étant pas essentielle au récit. Peut-être ces hommes étaient-ils au nombre des auditeurs! L'homme riche n'est pas nommé par simple délicatesse. Le grand revers de fortune est déjà du passé (les verbes sont tous au passé, quoi que ce soit un trait commun à toutes les paraboles).

Pourtant le récit porte tous les indices des paraboles. L'expression d'introduction est identique à celle de la parabole précédente ("Il y a avait un homme riche..."). Il y a une bonne raison pour qu'une personne ait dû être nommée, même si cela ne permet pas d'identifier le personnage (voir ci-dessous). Le style et la structure sont tout à fait typiques des histoires racontées par ce plus grand de tous les enseignants.

Mais cela ne signifie pas nécessairement que l'événement fictif ne puisse jamais se produire en réalité. En fait, la "réalité" des paraboles repose sur la possibilité que de telles choses puissent se passer et se passent vraiment (ce qui est bien le cas pour les quatre précédentes de ces deux chapitres).

Jésus aurait-il choisi des idées fausses populaires pour établir ce qu'il avait à dire? Effrayerait-il les gens par la description d'un danger qui ne se matérialiserait jamais

ETUDE BIBLIQUE E – L'homme riche

(les savants appellent cela un "avertissement existentiel")? Cela ressemble-t-il à celui qui ailleurs a dit: "Sinon, je vous l'aurais dit..." (Jn 14.2)? Quelqu'un qui ne disait jamais que la vérité se serait-il servi d'horreurs purement imaginaires pour influencer les autres?

Si l'image ne correspond pas à la réalité, elle est très déroutante et ne pourrait que faire naître des peurs sans fondement. Puisque c'est l'une des rares occasions où Jésus a parlé directement de l'avenir des individus, il a dû se rendre compte que ses paroles seraient prises très au sérieux et qu'on penserait qu'elles expriment ses convictions personnelles.

Quelque chose dans la parabole donne du poids à la véracité de sa description. Le point culminant et le défi se trouvent dans la dernière partie de la parabole, c'est-à-dire la défaillance des six frères à prendre au sérieux les paroles d'avertissement déjà contenues dans les Ecritures qu'ils reconnaissent comme divines. La Parole de Dieu est réduite à un non-sens si "ce lieu de tourment" est une création de l'imagination, soit humaine soit divine. Il est inconcevable que Jésus fustige une telle insouciance d'une menace purement fictive. Si Moïse et les prophètes doivent être pris avec un sérieux capital, à combien plus forte raison les avertissements du Fils de l'homme qui est descendu du ciel (Jn 3.12-20).

Nous pouvons remarquer en passant la valeur relative de preuve des paroles et des actes divins, aux yeux de Jésus. Si le message est rejeté, les miracles n'ont guère de chance de convaincre. La demande de preuve est feinte. Même le retour de quelqu'un d'entre les morts n'enlèverait pas le scepticisme. Imaginez les réactions des cinq frères à l'annonce: "Je reviens tout juste de la mort et j'ai vu ton frère en enfer"! En fait, un autre "Lazare" est effectivement revenu à la vie, comme la personne qui raconte cette parabole, mais aucune de ces résurrections n'a suffi à faire changer d'avis ceux qui ne voulaient pas croire (la foi reste une question de choix et non de preuves).

Si nous acceptons que Jésus se montre honnête sur ce qui pourrait et devrait arriver à ses auditeurs, il reste alors deux nouvelles questions à aborder.

Biens matériels ou moralité?

L'homme riche a-t-il connu les tourments parce qu'il était riche, tandis que le pauvre homme était réconforté parce qu'il avait été pauvre? La vie future n'est-elle que le simple renversement de la vie présente (comme le verset 25 semble le laisser entendre), de sorte que nous pouvons choisir entre vivre bien ici-bas ou dans l'au-delà, mais pas les deux? "Le trésor dans le ciel" est-il directement proportionnel avec la pauvreté terrestre? Est-ce la raison pour laquelle Jésus a dit: "Heureux vous les pauvres, car le royaume de Dieu est à vous!... Mais malheur à vous, les riches, car vous avez votre consolation" (Le 6.20, 24)?

Si c'était aussi simple, il nous faudrait prêcher un évangile différent, qui exclurait la nécessité de l'expiation, par exemple. Ce serait encore "une bonne nouvelle annoncée aux pauvres", en ce qu'ils n'auraient rien à faire, sinon rester pauvres, pour être sûrs d'aller au ciel! N'est-ce pas justement ce que Karl Marx appelait "l'opium du peuple"?

C'est peut-être l'impression que peut laisser une lecture superficielle, mais la disparité financière était-elle la *seule* différence entre "le gros bonnet et le clochard"?

Il est vrai que l'homme riche n'est pas directement accusé de vices privés ou de crimes publics. Néanmoins, on peut porter contre lui l'accusation d'une satisfaction du moi (remarquez ses habitudes vestimentaires et alimentaires, même ses portails monumentaux), d'indifférence à l'égard des autres (il passait devant le mendiant chaque fois qu'il sortait) et d'ignorance envers Dieu (sa Bible restait sur l'étagère), toutes choses engendrées par sa préoccupation des bienfaits de la vie. Il vaut la peine de noter que ses péchés résidaient moins dans ce qu'il faisait que dans ce qu'il laissait pour compte. Nous avons déjà remarqué que les péchés par omission ont tout autant de chance d'envoyer quelqu'un en enfer que ceux par commission (voir Etude Biblique C).

Certainement, l'homme pauvre ne reçoit pas non plus de louange pour aucune vertu. Mais Jésus lui donne un nom et les noms dans la Bible ont un sens, soulignant souvent la nature de la personne. "Lazare" est en français l'équivalent de l'hébreu "Eléazar", qu'on pourrait traduire librement par "Dieu m'aide" (dans quel genre de circonstances a-t-il bien pu naître pour que sa mère l'appelle ainsi?). Certains ont prétendu que ce nom donné n'était qu'un artifice littéraire, uniquement pour permettre à Abraham de parler de lui, mais il a sûrement une plus grande signification que cela. Jésus n'indique-t-il pas par là que cet homme s'attendait au Seigneur pour être secouru, en l'absence de tout autre aide? En d'autres termes, il dépendait du Seigneur tout autant que son homologue était indépendant de lui. Tel est l'effet typique de la richesse, quoi que ce ne soit pas toujours l'effet typique de la pauvreté.

Gagner ou posséder de l'argent n'a rien de coupable en soi, tant que cela ne change ni ne domine celui qui le possède. Il est difficile, mais non impossible, à un riche d'entrer dans le royaume. L'argent peut tellement facilement prendre la place de Dieu. Il est impossible, pas seulement difficile, de servir Dieu et Mammon en même temps (verset 13).

Dieu est un grand révolutionnaire. Il humilie l'orgueilleux et relève l'humble. Il nourrit de bonnes choses les affamés et renvoie le riche à vide (Lc 1.52-53), même si cela ne se passe pas toujours dans ce monde; la majeure partie de la révolution se passera dans le monde à venir. Alors la justice sera faite et on le verra.

Mais quand cela arrivera-t-il? Quand nous mourrons ou après le Jour du Jugement?

Séjour des morts ou enfer?

Les souffrances de ceux qui sont riches de biens matériels mais pauvres spirituellement commencent-elles dès leur mort?

Cette parabole fait quelques surprenantes omissions; le tableau est loin d'être complet. On n'y fait mention ni de résurrection des corps, ni de Jour du Jugement, et par conséquent pas non plus "d'état intermédiaire" (voir le chapitre 3). Par-dessus tout, Dieu est totalement absent. Les anges emportent un homme au "ciel" et Abraham dit à l'autre de rester en "enfer". Il n'intervient aucune décision ni déclaration divine de la culpabilité de l'un ou de l'innocence de l'autre.

Il y a encore une autre complication. Quand Jésus parlait du lieu de châtiment que nous appelons "enfer", il utilisait en général le nom "géhenne" (la décharge d'ordures à l'extérieur de Jérusalem; voir chapitre 3). Dans cette parabole il utilise "hadès", nom donné au séjour des esprits désincarnés entre la mort et la résurrection.

L'impression claire est que l'homme riche était dans les "flammes du tourment" immédiatement après sa mort, même pendant que ses frères assistaient à son enterrement fastueux. Alors comment cela s'accorde-t-il avec les autres révélations du Nouveau Testament concernant notre passage en tant qu'individu dans le monde à venir?

Une solution revient à supposer que les souffrances des perdus commencent avant le Jour du Jugement et ne font qu'empirer après. La réclusion préventive est déjà une expérience pénible, qui n'a rien d'une attente neutre. Certains annihilationnistes enseignent des souffrances conscientes jusqu'au jour du Jugement et l'oubli après (cet inhabituel renversement du jugement et du châtiment a l'effet pervers de transformer le jour du jugement en un événement bienvenu par les pécheurs!).

Cependant, il y a des raisons pertinentes pour croire que Jésus se réfère à l'état ultime et non immédiat qui suit la mort. Le langage ("trempe le bout de son doigt dans l'eau et me rafraîchisse la langue") implique une existence corporelle. Le feu est toujours associé à l'enfer, de même que la soif intense. "Tourment" et "agonie" n'impliquent guère de légères souffrances.

Nous croyons que la véritable explication est que, pour le but de cette parabole, le tableau a été délibérément simplifié. Toute information accessoire a été laissée de côté, les événements sans rapport ont été éliminés. Le temps a été raccourci: trois phases de notre existence ont été télescopées en deux (un tel "raccourci prophétique" est un trait commun dans les Ecritures). "Hadès" n'est pas ici un titre précis pour l'état intermédiaire, mais un terme général pour l'existence posthume.

Il faut se souvenir que Jésus ne répondait pas à des questions sur l'avenir, mais interpellait une attitude du temps présent. La parabole était une attaque contre ceux qui ricanaient de ses avertissements à propos des richesses. L'arme de sa langue (qui ressemble à la cinglante épée à deux tranchants du soldat romain) a été aiguisée en affilant l'histoire jusqu'à l'essentiel tout nu.

Tout ce qu'il a dit était conforme à la réalité, mais ce n'était pas toute la vérité concernant la réalité, et n'avait jamais eu l'intention de l'être. Inclure l'ensemble du programme futur aurait rendu la parabole aussi longue que le livre de l'Apocalypse, et aurait noyé l'idée essentielle dans une masse de détails. Il nous reste à tirer les vérités qui sont soulignées dans la parabole.

La mort n'est pas la fin de l'existence consciente.

L'essentiel de la personnalité survit avec une mémoire intacte. La communication avec les autres est caractéristique de la vie tant avant qu'après la mort.

Pour certains, la vie dans l'au-delà sera bien meilleure que celle ici-bas, tandis que pour d'autres elle sera bien pire. La différence est le résultat direct de ce qui aura caractérisé notre vie ici-bas. Beaucoup vont avoir une grosse surprise.

La destinée éternelle est fixée à la mort. L'avenir est alors irrévocable parce que le passé est irrémédiable. Il n'y a que deux possibilités, séparées par un "grand abîme". Il n'est pas non plus possible aux morts d'influencer les vivants (ou vice versa, aux vivants d'aller au secours des morts).

L'enfer est horrible. Dans cette parabole, les flammes tourmentent mais n'annihilent pas. L'agonie est tout autant physique que morale. Il y a une conscience d'être exclu du "ciel", séparé du peuple de Dieu.

Tous ces faits sont confirmés ailleurs dans l'enseignement de Jésus, dont une grande partie n'est pas dans le contexte immédiat de cette parabole. Dit de façon négative, il n'est rien dit ici qui soit en désaccord avec l'une quelconque de ses déclarations sur l'avenir.

Si nous ne prenons pas les paroles de Jésus aussi sérieusement qu'il le prévoyait, nous ne serions pas convaincus de leur véracité même si l'homme riche lui-même revenait pour nous mettre en garde. Le sceptique continuera à vivre comme s'il n'était pas riche (pas comme certains autres) et comme s'il n'allait pas mourir (contrairement à tous les autres). Cette parabole anéantit un tel aveuglement.

Etude biblique F: Le brigand sur la croix

Lecture: Luc 23.39-43

Si la parabole de l'homme riche de Luc 16 souligne le fait que la mort met un terme à toute possibilité d'être en règle avec Dieu, l'incident du brigand sur la croix en Luc 23 souligne que la porte reste ouverte jusqu'au moment de la mort. Seule l'éternité révélera le nombre de conversions sur le lit de mort inspirées par cet incident.

Cependant, contrairement à nombre d'entre elles, la supplication était dans le cas présent tout à fait spontanée. Personne, pas même Jésus, ne le poussait à faire la paix avec Dieu avant qu'il ne soit trop tard. Si quelque chose a amené l'homme mourant à dire ce qu'il a dit, ce furent les insultes sarcastiques de son compagnon de supplice à l'égard de Jésus ("N'es-tu pas censé être le Christ, alors fais ce que tu as à faire et sors-nous d'ici!"). Même cet impudent défi contenait une reconnaissance à contrecoeur qu'il avait sorti de nombreux autres de leurs problèmes (un fait largement connu et accepté).

Le maintien de Jésus pendant la procession dégradante puis l'atroce supplice de la crucifixion doivent aussi avoir fait une profonde impression, surtout quand il demanda le pardon de ceux qui en étaient responsables: c'était tout l'opposé de la réaction usuelle des victimes qui était faite de malédictions et de blasphèmes.

Nous ne devons pas non plus passer sous silence que le brigand était Juif et avait un arrière-plan religieux, même si sa moralité était mauvaise. Il était convaincu que Dieu enverrait un "roi oint" (en hébreu: *meschiah,* en grec: *christos*), qui hériterait du trône et établirait un royaume. Sans doute, le panneau cloué à la croix au-dessus de la tête de Jésus apporta aussi sa contribution au cours de ses pensées (alors que sa propre "accusation" portait le mot de "voleur", Pilate, plus par défi impuissant que par courage moral, avait écrit pour Jésus: "Roi des Juifs").

Sa demande révèle de profondes perceptions de la réalité de la situation. Son évaluation honnête de lui-même révèle une réelle *repentance*. Il reconnaît et accepte son châtiment entre les mains des hommes comme justement mérité, et a conservé la peur plus grande de mériter une peine de la part de Dieu. Il est étonné de voir son partenaire prêt à risquer la même chose. Cette crainte de Dieu est un élément essentiel d'une vraie repentance et elle est le commencement de la sagesse. Sa propre culpabilité est amplifiée par l'innocence de (l'"homme" sur la croix à côté de lui, à qui il s'adresse maintenant pour la première fois et par son nom (venait-il tout juste de l'entendre, ou le connaissait-il depuis quelque temps?).

Sa démarche révèle une *foi* remarquable. Il ne croit pas seulement que Jésus est "Roi des Juifs" (il est probablement le seul à le croire en cet instant); mais il est également convaincu que cet homme agonisant recevra un jour son royaume. Le fait qu'il pense que cela n'arrivera que dans un avenir lointain se voit dans sa demande à ce qu'il "se souvienne" de lui; c'était pour lui assez éloigné pour pouvoir être oublié. Ce trait prouve aussi qu'il croyait en une résurrection future (tant pour Jésus que pour lui) quand le temps viendrait. Ces présupposés sous-jacents ont une forte tonalité messianique, plus proche du credo des Pharisiens que de celui des Sadducéens.

La réplique de Jésus reflète aussi la pensée juive contemporaine. "Paradis" était à l'origine un mot persan signifiant "jardin fermé de murs", employé en particulier pour le domaine des maisons royales (puisque peu de gens, hormis les rois avaient de tels terrains), où le roi se promenait avec ses favoris. Le mot communiquait le sentiment d'être hautement honoré (comme le serait une personne invitée à une réception dans les jardins de l'Elysée). A l'époque où Jésus l'a employé, les Juifs l'appliquaient probablement déjà à une section particulière du "séjour des morts", réservée à ceux qui étaient particulièrement justes aux yeux de Dieu et dignes de sa présence proche (l'équivalent plus ou moins du "sein d'Abraham" de Luc 16.22). Il est clair que Jésus n'a pas eu à expliquer le terme; le brigand sur la croix le comprenait parfaitement bien.

Le mot le plus significatif, cependant, est "aujourd'hui". Jésus n'aurait pas besoin de fouiller sa mémoire pour se souvenir du voleur, parce que leur relation, établie dans des circonstances aussi inhabituelles, ne serait pas interrompue mais seulement améliorée par leur mort imminente. Ils seraient ensemble plus tard dans cette même journée, libérés de leur situation douloureuse et humiliante.

La promesse de Jésus implique sûrement qu'ils seraient tous deux pleinement conscients et capables de communiquer l'un avec l'autre. Quel réel réconfort pourrait-il y avoir dans un coma partagé? Pourtant certains continuent à affirmer "le sommeil de l'âme" entre la mort et la résurrection; réarrangeant souvent ce texte: "Aujourd'hui je te le dis: nous serons ensemble au Paradis". Paul avait fort peu de chances d'avoir "le désir de s'en aller et d'être avec Christ, ce qui est de beaucoup le meilleur" (Ph 1.23), si cela voulait dire la cessation d'être conscient de leur relation. L'expression "s'endormir" n'est qu'un euphémisme pour le moment de la mort, fondé sur l'apparence du corps quand l'esprit en est parti.

Il y a une signification encore plus profonde du mot "aujourd'hui". Depuis l'avènement de Jésus, le royaume qui vient est aussi bien présent que futur, à la fois maintenant et pas encore. Il est possible d'y entrer et d'en jouir déjà, bien qu'il ne sera établi et qu'on ne pourra en hériter que plus tard. L'avenir a fait irruption dans le présent. Demain fait maintenant partie d'aujourd'hui. "Mais, si c'est par l'Esprit de Dieu, que moi, je chasse les démons, le royaume de Dieu est donc parvenu jusqu'à vous" (Mt 12.28). Le terme technique utilisé par les théologiens pour décrire cette dimension du royaume qui est maintenant "proche" (c-à-d. à portée de main) est "eschatologie réalisée".

C'est un élément essentiel de l'évangile. Il y a de nombreux exemples de "distorsion du temps", mais une les résume toutes: la résurrection de Lazare (Jn 11.1-44). Après la mort de Lazare, Jésus consola sa sœur Marthe en lui disant que son frère ressusciterait, mais elle ne trouva pas la pensée très réconfortante, parce qu'elle la voyait comme un événement lointain, éloigné dans l'avenir ("au dernier jour" de l'histoire). Alors Jésus lui affirma que, puisqu'il était lui-même la résurrection et la vie, l'avenir pouvait être transféré dans le présent pour ceux qui croient en lui. En réponse, Marthe devint la première femme à exprimer sa croyance que Jésus était "le Christ, le Fils de Dieu, celui qui vient dans le monde" (v. 27; quelques semaines auparavant, Pierre avait été le premier homme à faire une telle confession). En dépit d'un scepticisme pragmatique ("Il sent déjà, car c'est le quatrième jour"), sa foi en Jésus fut récompensée en étant témoin de première main devant une tombe de ce qui arriverait un jour de tous les lieux de repos des morts (Jn 5.28-29). L'esprit de Lazare fut réuni à son corps (bien qu'il faille remarquer que c'était son vieux corps rajeuni, qui dut mourir plus tard, contrairement à la résurrection unique de Jésus qui préfigura plus véritablement le "dernier jour").

La brève rencontre entre le Sauveur et le brigand mourant est considérée à juste titre comme l'un des incidents les plus marquants de tout le récit évangélique. Mais on peut vouloir trop tirer de ce récit. Luc n'avait jamais voulu qu'il devienne une norme de la conversion chrétienne, ni un précédent pour les qualifications minimum requises pour fuir l'enfer et entrer au ciel. (J'ai étudié les sérieuses implications de ce mauvais emploi du récit au chapitre 9 de *La Naissance normale du chrétien,* Anchor, 2017).

Le pauvre homme n'était en position d'être baptisé d'eau ou d'Esprit (il n'était pas au bon endroit pour le premier et ce n'était pas le bon moment pour le second!). Il ne pouvait ni exprimer sa gratitude, ni gagner une récompense au travers d'un service fidèle. Il n'a jamais entendu l'évangile en entier (qui inclut les événements de Pâques et de la Pentecôte).

Ce qu'il a eu, c'est une relation personnelle avec le Seigneur Jésus qui ne sera pas modifiée par la mort. C'est là le cœur de notre espérance pour l'avenir, même si elle ne se résume pas à cela.

Etude biblique G: Le feu de l'épreuve

Lecture: 1 Corinthiens 3.10-15 et 5.1-12

On tient communément pour acquis que les chrétiens ne seront pas jugés. Le chapitre 8 de la lettre de Paul aux Romains est le "texte preuve" favori de cette supposition: il commence par "aucune condamnation" et finit par "aucune séparation".

Beaucoup oublient de remarquer le temps présent de cette déclaration: "Il n'y a donc maintenant aucune condamnation pour ceux qui *sont* en Christ-Jésus" (Rm 8.1; remarquez "sont maintenant" et pas "étaient une fois"). Ceci ne peut donc être dit que de ceux qui continuent de "demeurer" en Christ: les sarments qui ne demeurent pas attachés au cep sont coupés et brûlés (Jn 15.6).

Il y a aussi une omission significative dans la liste des personnes et choses incapables de "nous séparer de l'amour de Dieu en Christ-Jésus notre Seigneur" (Rm 8.39), à savoir nous-mêmes. Un peu plus loin dans cette même lettre, Paul rappelle aux "saints" de Rome que leur situation dans les desseins de Dieu est conditionnelle, "si tu demeures dans cette bonté; autrement, toi aussi [comme 'certains' sarments juifs] tu seras retranché" (Rm 11.22).

Tout au long des épîtres du Nouveau Testament (qui sont toutes adressées à des croyants et non à des incroyants) on rencontre çà et là un certain nombre de déclarations claires sur le jugement qui attend ceux qui les lisent. Mes lecteurs voudront peut-être se pencher sur Rm 2.1-6 et se demander à qui Paul s'adresse en disant "tu" (à la lumière de Rm 1.7) et de qui il parle en disant "nous" en Rm 14.10. Dans sa correspondance avec les Corinthiens il n'est pas équivoque: "Car il nous faut tous comparaître devant le tribunal de

Christ, afin qu'il soit rendu à chacun d'après ce qu'il aura fait dans son corps, soit en bien, soit en mal" (2 Co 5.10).

Certaines tentatives pour diminuer l'impact de cela soulignent que ce jugement n'est invoqué que dans le but de distribuer les récompenses pour la fidélité. Mais un châtiment est sûrement dû pour les "mauvaises" choses faites dans le corps, et non seulement la perte d'une récompense.

D'autres s'accrochent à l'espérance que l'un des textes que nous sommes en train de considérer (1 Co 3.10-15) révèle le pire qui puisse arriver aux croyants dans un tel jugement. A savoir, que les croyants eux-mêmes seraient néanmoins sauvés, mais auraient à subir une perte considérable d'approbation et de récompense.

Certains vont même jusqu'à suggérer que cette "épreuve par le feu" est tout ce à quoi Jésus faisait allusion quand il avertissait ses propres disciples au sujet de l'enfer. En d'autres termes, "l'enfer" pour eux représenterait la perte de tout sauf leur salut. Les "pleurs et grincements de dents" viendraient à cause de tout ce qu'ils auraient perdu et non pas parce qu'eux-mêmes seraient perdus.

Ce texte supporte-t-il cette interprétation? Est-ce vraiment le pire qui puisse arriver à un croyant? Le chrétien est-il absolument certain de parvenir au ciel, même si chemin faisant il a perdu tout ce qu'il avait espéré apporter avec lui? Ce texte a besoin d'être soigneusement déballé pour le comprendre.

Tout d'abord, éliminons toute connexion supposée entre ce passage et le sujet de l'enfer. Paul ne parle pas ici du châtiment final, mais du jugement dernier. On ne trouve pas la moindre suggestion que quelqu'un puisse passer au travers de "l'étang de feu" et en ressortir roussi, mais sauvé. L'enfer n'est pas un purgatoire. Ceux qui y sont envoyés y restent.

Le feu dont il est parlé ici est le feu du jugement et non celui du châtiment. C'est le feu de Dieu (cf. Hb 12.29) et non celui de l'enfer. C'est le feu qui purifie le métal et brûle les scories, rendant meilleures les bonnes choses et pires les mauvaises.

Deuxièmement, le feu n'est pas appliqué aux personnes, mais à leurs oeuvres. C'est leur travail qui est "incendié", leurs réalisations et non eux-mêmes.

En particulier, c'est leur service pour Christ et son Eglise qui est examiné. L'activité qu'eux et d'autres auraient pu considérer comme bonne, et même selon Dieu, doit être maintenant éprouvée pour voir si elle a une quelconque valeur durable dans les desseins de Dieu.

Il est, hélas, possible d'être très occupé dans l'œuvre de l'Eglise, et pourtant de la faire de travers, au mauvais moment, à partir de mauvais mobiles, dans de mauvais desseins et avec les mauvaises personnes. Ce n'est pas la quantité, mais la qualité, de notre service qui compte à long terme.

Paul se soucie particulièrement des ouvriers qui ont suivi son ministère pionnier. Il a planté des communautés du royaume en territoire vierge (Rm 15.20). Mais les apôtres doivent continuer à avancer dans de nouveaux terrains, laissant leurs communautés balbutiantes pour que d'autres les nourrissent.

Il est vital que ses successeurs continuent de suivre ses propres principes, sinon les Eglises pourraient être détruites plutôt que construites. En "sage architecte" (Paul ne souffrait pas de cette fausse modestie qui contrefait l'humilité), il s'était assuré que ses convertis soient plantés et enracinés en Christ et en nul autre. C'était le solide "fondement" de son œuvre d'implantation d'Eglises. Ce qui était construit par-dessus par d'autres ministères pouvait varier énormément.

D'après le contexte, nous glanons quelques aperçus de la construction "bon marché" qui causait les plus grands soucis à Paul: l'œuvre qui attire l'attention sur une personnalité humaine, exalte trop un ministère particulier, amène les croyants à être les disciples d'un homme, glorifie un nom humain, fait des disciples d'un serviteur de Christ plutôt que de Christ lui-même - tout cela ôte la prééminence au Seigneur, qui devrait l'avoir sans partage. Il n'est pas seulement le fondement solide, mais il doit être aussi l'ensemble du bâtiment.

C'est peut-être la raison de l'absence de tout ministère d'un homme seul dans le Nouveau Testament. Les apôtres voyageaient toujours deux à deux, souvent avec des équipes plus importantes. Les anciens locaux étaient toujours plusieurs. Il y a une sécurité dans le nombre. Le Seigneur ne donne jamais tous les dons nécessaires à un seul de ses serviteurs, même si lui les possédait tous.

C'est le ministère centré sur l'homme qui ne subsistera pas à l'épreuve du feu. Cependant, la plupart des ministères sont un mélange d'éléments temporels et éternels. Par conséquent, le nombre et la variété de résultats à cette épreuve (elle n'est pas appelée "jugement") seront bien plus grands. Cela s'exprime dans une liste de métaphores matérielles, partant des plus précieuses (l'or) et encore estimables (l'argent), qui sont tous deux purifiés par le feu, elles passent par ce qui restera intact (les pierres précieuses), ce qui prendra du temps à brûler (le bois) et, s'achèvent sur ce qui disparaîtra promptement dans les flammes (le foin ou la paille). Contrairement à cette épreuve, tous les événements appelés "jugements" dans le Nouveau Testament ne révèlent que deux catégories.

Combien ce rappel est nécessaire en nos temps d'Eglises "prospères" et d'organisations para-ecclésiastiques en nombre toujours croissant, si souvent construites autour de la vision ou du don d'un homme seul. Les critères divins d'évaluation du ministère pourraient être très différents des nôtres.

ETUDE BIBLIQUE G – Le feu de l'épreuve

Troisièmement, et ce point est crucial, ce passage se soucie de ceux qui servent plus que de ceux qui pèchent. Il concerne les accomplissements ministériels et non les abus moraux, l'épreuve des activités qui sont intentionnellement bonnes et non de celles qui sont délibérément mauvaises. Paul ne s'occupe pas ici de ceux qui reculent dans leur foi, et encore moins de l'apostasie.

Nous avons à faire ici au pire qui puisse arriver à un ouvrier chrétien dont le service pour Dieu n'est tout simplement pas assez bon, mais qui essaye au moins de faire quelque chose d'utile, même s'il échoue dans son entreprise.

Mais ce n'est pas le pire qui puisse arriver à un chrétien qui continue obstinément dans les péchés de son ancienne vie ou satisfait la chair de façons toutes nouvelles. Plus loin, dans cette même lettre, Paul révèle, presque par inadvertance, ce qui, selon lui, peut arriver à ces derniers. Il dresse la liste de leurs transgressions passées: "débauchés, idolâtres, adultères, dépravés, homosexuels, voleurs, cupides, ivrognes, insulteurs, accapareurs", et exprime très clairement que de telles personnes "n'hériteront pas le royaume de Dieu" (1 Co 6.9-10). Le fait qu'il applique cette impossibilité aussi bien aux croyants qu'aux incroyants apparaît dans sa déclaration parallèle aux frères de Galatie. Après une liste similaire de telles "œuvres de la chair" il dit: "Je vous préviens comme je l'ai déjà fait: ceux qui se livrent (littéralement: 'continuent à se livrer' – le temps est un présent continu) à de telles pratiques n'hériteront pas du royaume de Dieu" (Ga 5.21).

Ce danger est également mentionné dans le second passage qui nous intéresse dans cette épître (1 Co 5.1-12). Un des membres de l'Eglise de Corinthe vivait ouvertement dans une relation incestueuse avec sa propre mère (ou belle-mère; "la femme de son père" pourrait signifier l'une comme l'autre). Ainsi, même l'Eglise primitive avait ses scandales, ce dont ceux qui idéalisent cette première époque feraient bien de se souvenir.

La situation doit être corrigée immédiatement. La raison évidente en est la réputation de la communauté et la crédibilité de leur évangile. Mais Paul se soucie aussi du risque pour l'homme en question. Comme il ne semble pas avoir réagi à la réprimande, les membres dans leur ensemble (et non les seuls anciens) doivent exercer la discipline. Ils doivent sortir de leur indifférence vis-à-vis de la situation et de leur arrogance (de quoi étaient-ils donc fiers, de leur largeur de vue?) et franchir deux étapes supplémentaires pour traiter ce mécréant.

La première est l'excommunication: le mécréant doit être exclu de la communion. Ce qui doit inclure le refus de manger avec lui, et pas seulement à la table du Seigneur mais aux autres repas aussi. Il arrive un moment où il est impossible de se dissocier du péché sans se dissocier du pécheur qui refuse de renoncer à son péché. Remarquez que ceci ne s'applique qu'aux pécheurs à l'intérieur du peuple de Dieu et non à ceux de l'extérieur.

La seconde est plus draconienne et c'est la sanction finale que toute Eglise peut imposer à l'un de ses membres. C'est un acte solennel et partagé, la communauté doit livrer ce membre à Satan (il ne nous est pas dit si cela doit se faire en s'adressant directement à ce dernier, non plus qu'à la personne concernée). Le but de cet acte est clair: que le diable, source de toute maladie et de la mort, affecte son corps pour que ses appétits charnels ne puissent plus s'exercer (l'emploi par Paul du mot "chair" est un peu ambigu; il l'emploi à la fois d'une façon neutre pour le corps et d'une façon négative pour la nature déchue, cette dernière se servant du premier comme instrument).

On ne peut trop souligner que le but de ce rituel radical est rédempteur. Amenant ainsi le péché à un terme, en invitant

Satan à "détruire" la chair, pour que l'esprit puisse être sauvé au jour du Seigneur (c-à-d. le jour du Jugement). Il perdra peut-être son corps, mais gardera son âme.

L'implication est évidente, mais rarement tirée. Si on permet à un homme de continuer dans le péché et si l'Eglise ne fait rien, cet homme pourrait bien atteindre le point de non-retour et son esprit ne serait pas sauvé en ce jour-là. L'Eglise perdrait à jamais l'un de ses membres. S'il continue à semer pour la chair comme il le fait, il moissonnera la destruction (Ga 6.7-10; nouvel avertissement adressé aux croyants). Au moment où il écrit, Paul juge qu'il n'est pas encore allé trop loin pour pouvoir être encore "sauvé", mais seulement si l'Eglise agit assez rapidement à son égard. Autrement, il glisserait "hors de la rédemption".

Une exhortation similaire apparaît dans la lettre d'un autre apôtre (1 Jn 5.16-20). Là le remède pour un frère qui est vu en train de commettre un péché (remarquez qu'il s'agit d'un acte isolé, non d'une habitude continuelle) est une intercession pleine d'amour. Pourtant, dans ce passage aussi, il peut y avoir un point où le péché est trop sérieux pour que la prière soit d'une quelconque utilité. "Il y a un péché qui mène à la mort" (Jean ne précise pas de quel péché il s'agit). Il y a une possibilité de retomber hors de portée de la prière des frères (et de l'écoute du Père).

Encore un autre écrivain du Nouveau Testament, l'auteur anonyme de l'épître aux Hébreux, dit la même chose. Ses avertissements couvrent la simple négligence (Hb 2.1-3), l'apostasie publique (Hb 6.4-8) et la persistance délibérée à pécher (Hb 10.26-31). Il semble tenir pour allant de soi que le salut peut être perdu, mais va beaucoup plus loin en avançant que, une fois perdu, il est impossible de le gagner à nouveau (Hb 6.6) bien qu'il rassure ses lecteurs de sa confiance que cela n'arrivera pas dans *leur* cas (Hb 6.9), ce qui ne veut pas dire qu'il croit que cela ne puisse arriver en *aucun* cas. Ces déclarations et, en fait, l'idée maîtresse de toute cette lettre sont souvent taxées de "difficiles", mais ne le sont que pour ceux qui viennent l'esprit déjà ancré dans le dicton: "une fois sauvé, toujours sauvé".

Pour résumer nos pensées sur ces deux passages de la correspondance de Paul avec les Corinthiens, il existe une différence fondamentale entre servir et pécher, quand nous comparaîtrons devant le trône du jugement. Le serviteur compromis sera séparé de son service et ne sera pas condamné avec lui. Le pécheur continuel ne sera pas séparé de son péché et sera condamné avec lui. Pour le Seigneur la sainteté est beaucoup plus importante que l'activité.

Etude biblique H: La deuxième chance

Lecture: 1 Pierre 3.17-4.6

Nous ne possédons aucun récit de la rencontre de Pierre avec Jésus ressuscité le premier dimanche de Pâques (1 Co 15.5) et par conséquent aucune idée de ce qu'ils se sont dit à cette occasion. Cependant, il est au moins possible que Pierre, avec sa curiosité impétueuse habituelle, ait demandé à Jésus où il était allé et ce qu'il avait fait pendant ces soixante-douze heures. (La plupart des indices donnent à penser que Jésus est mort à trois heures de l'après-midi le mercredi 14 nisan de l'an 29 et qu'il est ressuscité entre six heures de l'après-midi et minuit du samedi suivant, le "premier jour" de la semaine hébraïque commençant au coucher du soleil; ceci tiendrait compte des "trois jours et nuits" passées dans la tombe qui avaient été prophétisés selon l'estimation des Hébreux, et de sa résurrection "le troisième jour" selon celle des Romains; le sabbat qui suivit sa mort n'était pas le samedi, mais le sabbat spécial de la Pâque - Jn 19.31.)

La réponse de Jésus concernant ses déplacements et ses activités entre sa mort et sa résurrection se trouve peut-être dans une lettre que Pierre écrivit bien des années plus tard et qui contient une information extraordinaire. On n'en parle que rarement depuis la chaire, en grande partie parce que la plupart des cultes de la Semaine Sainte se terminent le vendredi soir, pour ne reprendre que le matin du dimanche de Pâques, laissant aux assemblées l'impression que Jésus n'a rien fait qui ait une quelconque signification dans l'intervalle!

Prenons le passage dans son sens le plus direct et le plus simple; il semble que Jésus soit allé prêcher l'évangile à ceux qui étaient déjà morts (et donc dans "le séjour des morts")!

Mais ce n'est pas à tous, son auditoire étant formé de toute cette génération qui fut noyée dans le déluge à l'époque de Noé.

Tel est le récit étonnant que Pierre, et lui seul, donne de ces jours cachés. Pourtant il le mentionne presque incidemment, ne donnant pas l'impression que ses lecteurs le trouveront sensationnel et incroyable. En fait, il l'introduit comme un fait accepté, ou au moins acceptable, et continue sur la lancée en donnant des applications pratiques. Il s'en sert pour stimuler à vivre pieusement et à souffrir sans se plaindre.

Pierre aurait été étonné de découvrir toutes les spéculations et controverses qu'il a soulevées par cette révélation, centrées malheureusement sur ce qu'il a dit plus que sur la raison pour laquelle il l'a rapportée. Ces versets ont été qualifiés de "l'un des passages les plus difficiles du Nouveau Testament". Ce genre de commentaire suscite toujours la question: difficile à comprendre ou à accepter?

On a fait des tentatives nombreuses et variées pour "expliquer" ce que Pierre voulait dire, dont la plupart semblent l'éliminer plus que l'expliquer! Nous en recensons quelques-unes ci-dessous.

Certaines changent *l'auditoire*. On dit que Jésus a prêché à toutes les âmes des justes de tous les siècles passés, de façon à pouvoir les transférer du "séjour des morts" au "paradis". On dit que Jésus a prêché aux anges déchus, "l'évangile" étant pour eux la mauvaise nouvelle de leur défaite et de leur ruine. On dit que Jésus a prêché à tous ceux qui "n'avaient jamais entendu", c'est-à-dire à tous les païens et peut-être quelques Juifs.

Certaines changent *la date.* Ils la placent beaucoup plus tôt. Le Fils de Dieu préexistant prêchait lui-même juste avant le Déluge, en esprit et non dans son corps, bien sûr. Ou bien, ils le placent un peu plus tard: Jésus a prêché après sa résurrection, dans un corps "spirituel", évidemment.

Certaines changent *le texte*. Prétendant qu'une erreur de copiste s'est introduite dans les manuscrits, ils "amendent" le grec pour lire que c'était Hénoc, l'arrière-grand-père de Noé, et non Jésus qui est allé prêcher à la génération qui allait périr dans le déluge. Cette modification crée un autre problème: la référence n'a plus aucun sens dans le contexte de Pierre.

Il est difficile d'éviter l'impression que la plupart des "explications" proposées, pour ne pas dire toutes, sont en réalité motivées par une réticence extrême à accepter le récit de Pierre tel qu'il est, parce qu'elles semblent essayer de "contourner" les événements dont il affirme l'existence. Pouvons-nous découvrir une raison possible à cette hésitation? Il existe une possibilité qui saute aux yeux.

L'enseignement général de la Bible est que l'occasion de réconciliation entre les humains pécheurs et un Dieu saint est strictement limitée à cette vie. La mort met fin à cette possibilité et scelle la destinée éternelle. C'est ce qui donne le sentiment d'urgence tant pour la prédication de l'évangile que pour la nécessité d'y répondre.

Pourtant Pierre semble contredire cette supposition fondamentale, en enseignant apparemment que l'évangile peut continuer à être communiqué après la mort, ce qui sous-entendrait qu'il peut aussi poursuivre son œuvre de rédemption quand il est accepté par les morts. Si cela est vrai, l'urgence de rechercher le salut est compromise; en fait, les pécheurs seraient encouragés à atermoyer ("on a bien le temps d'y penser, que ce soit de ce côté-ci de la tombe ou de l'autre."). En outre, en prolongeant ainsi la possibilité du salut, on ouvre la porte à "l'universalisme" (voir le chapitre 2), en espérant que, tôt ou tard, tout le monde sera sauvé.

La peur que cet incident soit exploité de cette façon est très réelle, bien que rien ne pourrait être plus éloigné de l'application qu'en fait Pierre. On peut voir combien cette anxiété est fondée en lisant le commentaire que fait, sur ce passage, un des savants bibliques les plus influents de ce vingtième siècle, William Barclay, qui dit: "il contient un aperçu stupéfiant de ce qui n'est rien d'autre qu'un évangile de la deuxième chance".

Cependant, la peur de l'hérésie ne profite pas toujours à une saine exégèse, en ce qu'elle tend à une antithèse plus qu'à une synthèse. La peur du relativisme peut amener à un absolutisme non biblique. Permettre une quelconque exception à une règle peut sembler affaiblir et en définitive abolir celle-ci. L'exception devient une lacune qui est peu à peu étirée jusqu'au point où la règle devient l'exception! Il est facile de trouver des exemples de cela.

Le divorce tombe dans ce cas. La règle de Jésus sur ce point est claire: tout remariage est un adultère aux yeux de Dieu (Mc 10.11-12; Le 16.18). Il a pourtant fait *une* exception, et une seule, quand le divorce était dû à l'adultère (Mt 5.32; 19.9). Certains chrétiens craignent qu'en permettant une quelconque exception ils ne pourraient plus endiguer le flot d'une tendance à l'acceptation de tous les divorces et les remariages, même au sein des Eglises - et cette prévision ne manque pas de justification. Cependant, en niant toute exception, ils sont devenus plus rigides que le Seigneur.

Le cas que nous sommes en train d'étudier est très proche. La règle de l'Ecriture est claire: la mort établit un "grand abîme" qui ne peut être franchi (Le 16.26; voir l'Etude Biblique E). Chercher et trouver Dieu est le premier but de la vie (Ac 17.27); la possibilité de le faire ne durera qu'aussi longtemps que la vie; la porte est ouverte jusqu'au moment de la mort, comme l'a découvert le brigand sur la croix (Le 23.40-43; voir l'Etude Biblique F). Mais alors elle est fermée pour toujours.

Il y a pourtant une exception. Elle ne s'applique pas à tous les morts, ni même à la plupart d'entre eux. Plus précisément, elle ne s'est appliquée qu'à une seule génération d'êtres humains, à l'époque de Noé. Cette génération constitue la seule exception qu'il y ait jamais eue, et l'on ne trouve nulle part dans les Ecritures le moindre indice qu'il puisse y en avoir une autre. Il est donc possible d'accepter celle-ci sans mettre en danger la règle générale. Il n'y a sûrement ici aucun fondement pour "l'universalisme", ni même pour ce que Tennyson a appelé "l'espoir élargi" d'une deuxième chance. C'est abuser de l'Ecriture que de faire d'une exception la règle.

La curiosité humaine cherche naturellement à savoir pourquoi cette unique exception existe. Cela ne nous est pas dit. Toute "explication" relève de la spéculation. Pourtant, une raison possible est en accord avec la justice de Dieu. Pourquoi une génération aurait-elle le privilège d'une seconde chance, sinon parce qu'elle n'avait pas eu la première chance normale? Dieu les avait choisis comme exemple de sa capacité à détruire un monde mauvais; mais il avait promis alors qu'il ne le referait jamais plus à aucune génération, jusqu'à la fin de l'histoire. On pourrait sur cette base l'accuser d'injustice, d'avoir traité cette génération d'une façon très injuste, accusation qu'un Dieu juste ne permettrait pas qu'on lui fasse. Aussi, donna-t-il, à cette génération qui avait subi une expérience unique de son jugement, une occasion unique de sa grâce et de sa miséricorde (1 P 4.6 laisse clairement entendre que le salut leur a été offert).

Bien sûr, ce ne sont là que des supputations. Dieu n'a pas de comptes à nous rendre et n'a pas besoin de justifier ses actions en révélant les raisons. On peut admettre un agnosticisme respectueux. Si nous connaissions toutes les réponses, nous serions Dieu. Il nous a dit ce qu'il voulait nous dire et que nous avions besoin de savoir. La nature très improbable et inattendue de cette révélation est un témoignage à sa véracité.

En passant, on remarquera que, si l'incident s'est effectivement produit, il ne peut y avoir aucun doute sur la parfaite conscience et capacité de communication des esprits désincarnés de ceux qui sont morts. Je me demande si Noé et sa famille étaient présents à ce moment particulier et, si c'était le cas, quels ont été leurs sentiments. Il faudra que je me souvienne de le leur demander!

Mais il est beaucoup trop facile de se laisser détourner par de telles pensées ou de se laisser prendre par les aspects sensationnels de l'incident. Le résultat est que le but tout à fait pratique pour lequel Pierre l'a introduit est complètement laissé pour compte. Son intention était d'encourager une application éthique plus qu'une spéculation intellectuelle. Non que son courant de pensée soit aisé à suivre (Paul aurait pu lui retourner sa plainte que "les lettres où il parle de ces sujets, [contiennent] des passages difficiles à comprendre"; 2 P 3.16)!

Nous pouvons commencer à identifier deux lignes de pensée qui courent tout au long de cette lettre aux jeunes chrétiens dispersés dans ce que nous appelons la Turquie.

La première est la nécessité d'*accepter la souffrance*. Néron était à ce moment-là empereur de Rome et les vagues de son hostilité envers les disciples de Jésus se propageaient dans tout l'empire. "C'est par beaucoup de tribulations qu'il nous faut entrer dans le royaume de Dieu" (Ac 14.22) a toujours fait partie de la formation du disciple. Mais le besoin d'un tel encouragement devenait plus pressant; comme Christ, avant eux, ils devaient souffrir en faisant ce qui est bien et non ce qui est mal.

Leur autre besoin était de *ne pas tomber dans le péché*. C'est en fait leur différence avec leurs voisins sur le plan moral qui aggravait la persécution et les mettait sous la pression de revenir à l'idolâtrie païenne qui avait caractérisé leur première façon de vivre.

Ces deux besoins sont liés, et Pierre renforce son exhortation en faisant la distinction entre "corps" et "esprit" (les deux mots clés de ce passage). Ce qui est fait avec ou pour le corps n'est pas ce qui importe le plus, mais ce qui est fait avec et pour l'esprit. Se préoccuper du corps, soit pour le protéger soit pour le satisfaire, peut conduire à négliger l'esprit. Le corps peut être détruit, mais l'esprit survivra. C'est exactement ce qui est arrivé à Jésus, qui a été mis à mort quant à son corps, mais qui a été rendu à la vie quant à l'esprit, pour continuer son ministère d'évangélisation ailleurs.

Le baptême, passage des croyants au travers de l'eau, les "sauve" de leur génération perverse, tout comme Noé et sa famille furent sauvés de la leur par le déluge (cf. Ac 2.38-40, une partie du premier sermon de Pierre). Mais le baptême ne sauve pas en lavant le corps, mais en purifiant l'esprit (en appelant à Dieu pour une bonne conscience). La vie nouvelle, pour laquelle ils ont été ressuscités et dans laquelle ils marchent maintenant (cf. Rm 6.4) est inévitablement accompagnée des souffrances du juste, qui sont la preuve qu'ils en ont "fini avec le péché" (4.1), fini avec les mauvais désirs de la chair.

Quand les croyants se soucient davantage de leur esprit dans l'avenir que de leur corps dans le présent, ils sont plus influencés par la volonté de Dieu que par les voies humaines. Ils se réjouiront quand ils seront persécutés pour la justice, car leur récompense sera grande dans le ciel (Mt 5.11-12).

Pierre avait bien appris ses leçons, des lèvres et de la vie de son Seigneur. Comme lui, il finirait en étant mis à mort dans son corps sur une croix (mais à l'envers à sa propre demande, se sentant indigne d'être dans la même position que lui). Et il l'endurerait, en méprisant la honte, en raison de la joie qui l'attendait, sachant que lui aussi serait rendu vivant quant à l'esprit et resterait pour toujours avec son Seigneur.

Etude biblique I: Les anges déchus

Lectures: 2 Pierre 2.4-10 et Jude 6

La Bible tient comme allant de soi que les êtres humains ne sont pas au sommet de l'échelle des créatures de Dieu. Bien que placés au-dessus des animaux, ils sont "de peu inférieurs aux anges" (Ps 8.5; voir note). Ce qui pose un problème aux tenants de l'évolution, mais pas aux créationnistes!

Les anges nous surpassent en puissance, intelligence, mobilité et adaptabilité. Habitants des lieux célestes à l'origine, ils peuvent librement visiter la terre et, comme nous allons le voir, être jetés en enfer. Bien qu'ils aient eu un commencement, ils n'auront pas de fin, car ils sont, contrairement aux hommes, de façon inhérente immortels. Ils sont "nés", mais ne peuvent mourir. Leur nombre, quoi que très élevé, est fixé. Ils ne se reproduisent ni ne s'accroissent. Cela ne les rend pas immortels au sens divin; Dieu seul possède l'immortalité qui n'a ni commencement ni fin.

Ils peuvent pécher, mais pas être sauvés. Jésus n'a pas versé son sang pour eux, et n'aurait pas voulu le faire. Ce n'est pas parce qu'ils sont incapables de recevoir le pardon, mais parce que la grâce n'a pas été étendue jusqu'à eux; sans doute en raison de la glorieuse vie céleste qu'ils ont connue et pourtant rejetée. Le chef de leur rébellion contre le gouvernement de Dieu est connu sous plusieurs noms (Lucifer, Satan et Belzebul), décrit par des métaphores variées (le dragon, le serpent ancien, le lion rugissant) ou simplement appelé le "diable". Un tiers de l'armée céleste a changé de camp avec lui (Ap 12.4) et ses membres sont maintenant connus comme "démons" ou esprits "mauvais" ou "impurs". Ceux qui sont restés fidèles à leur Créateur sont parfois appelés "divinités", mais plus fréquemment "fils de Dieu".

C'est à une petite partie de ce groupe rebelle que nous nous intéressons en ce moment. Leur histoire sordide commence aux jours précédant le déluge (et on peut la lire en Gn 6.1-6). Nous en déduisons que ces êtres angéliques pouvaient éprouver une attirance sexuelle pour les femmes humaines et étaient capables de les séduire et les féconder! Ce concept est si choquant, même scandaleux, que certains savants chrétiens ont refondu tout l'incident en termes purement humains: "fils de Dieu" se référant à des humains pieux et "filles des hommes" aux impies (Augustin et Chrysostome ont tous deux refusé catégoriquement de prendre l'histoire littéralement et ont prétendu qu'il s'agissait d'un mythe contenant une morale). Les commentateurs juifs cependant sont presque unanimes pour conserver l'interprétation "angélique". Ironie du sort, Hollywood a récemment produit un certain nombre de films d'horreur exploitant le thème de la fécondation démoniaque. Tout cela ressemble à une affreuse contrefaçon de la naissance virginale de Christ, bien qu'il y ait des différences fondamentales (l'Esprit qui est "survenu" sur Marie était saint et non impur, celui du Créateur et non d'une créature, et, par-dessus tout, totalement libre de tout lien sexuel avec elle).

La tradition juive a par la suite embelli le récit biblique de nombreux détails supplémentaires, en particulier dans le pseudépigraphe d' "Hénoc". Les coupables y sont appelés "les observateurs", ou "guetteurs" et ils étaient conduits par un certain "Azazel" (même nom que celui du bouc émissaire lévitique). L'incident est situé à l'époque de Yéréd, père d'Hénoc, et dans la région du mont Hermon. Un des résultats de cette liaison contre nature a été que les "femmes" apprirent l'art de la magie occulte. Un autre fut la mise au monde de rejetons "hybrides" et grotesques (Nephilim), qui étaient physiquement supérieurs (géants), mais moralement inférieurs (gouvernés par l'orgueil et la convoitise, même adonnés au cannibalisme). Hénoch, premier prophète connu, prédit que Dieu descendrait avec ses anges fidèles pour traiter cette situation étrange (Jude 14-16 apporte un aval inspiré pour cet aspect, au moins). L'archange Gabriel tua les géants (ils ont en tous cas disparu), tandis qu'un autre, Raphaël, lia Azazel.

Tel est l'arrière-plan des passages cités en références dans les lettres de Pierre et de Jude, qui semblent accepter le récit de la Genèse dans son intégralité ainsi qu'une grande partie du développement apocryphe qui en est fait dans le livre "d'Hénoch". Dans leurs traitements séparés de cet incident, on trouve une similarité remarquable, laissant croire à quelque corrélation de nature orale ou littéraire, ou au moins à une dette partagée à l'égard d'une source commune (comme dans le cas d'Es 2.2-4 et de Mi 4.1-3). Quelle que soit la relation entre eux, l'événement est plus périphérique que central dans chacun des écrits, un simple exemple parmi d'autres (le reste étant indubitablement constitué d'événements historiques). Les quatre aspects suivants sont mis en lumière.

Premièrement, la nature de leur péché. Leur acte indécent constituait une grossière violation à l'ordre de la création établi par Dieu. Les anges avaient abandonné la position qui leur est propre et par conséquent leur autorité (qui était déléguée et non inhérente). Un tel abus de privilège est une "abomination" pour le Créateur, comparable aux relations sexuelles des humains avec les animaux (Lv 18.23; 20.15-16), bien que ces dernières ne portent aucune possibilité de fécondation. La beauté de la création est complètement tordue par une telle perversion. Il appartient à l'essence du péché de modifier notre condition et notre rang, que ce soit dans une direction supérieure ou inférieure (cf. "vous serez comme des dieux" Gn 3.8).

Deuxièmement, le mobile qui les a poussés. La racine du problème était un désir sexuel incontrôlé, commençant avec l'usage indiscipliné de la faculté de voir. Cette "convoitise des yeux" (1 Jn 2.16) conduit si souvent au péché (Gn 3.6; Jos 7.21; Jg 14.1; 2 S 11.2). Job a lutté contre elle avec succès (Jb 31.1). Jésus a donné à son propos l'un de ses plus solennels avertissements (Mt 5.28-29). Pierre et Jude se souciaient tous deux des faux docteurs qui corrompaient les croyants en prêchant et en pratiquant de telles immoralités. La justification qu'ils se donnaient était que la grâce de Dieu la couvrirait et ils changeaient ainsi "en dérèglement la grâce de notre Dieu" (Jude 4). Poussé au pire, un tel enseignement encourageait en fait les gens à pécher pour qu'ils puissent recevoir encore plus de grâce (Paul avait rencontré le même problème; Rm 6.1). C'est une distorsion de l'évangile beaucoup trop commune, qui fait de la justification l'essentiel et de la sanctification une option. Il est à remarquer que les faux docteurs, comme les anges rebelles, méprisaient l'autorité.

Troisièmement, la certitude du jugement. Dieu n'a pas permis à la situation de continuer indéfiniment (bien que son étonnante patience ait laissé le temps à leurs rejetons illégitimes de venir au monde). Si Dieu ne juge pas immédiatement, cela ne devrait pas nous conduire à la suffisance ou la présomption. Il est saint, et doit par conséquent déraciner le mal en fin de compte. "Les meules de Dieu tournent lentement, mais elles moulent excessivement fin" (Friedrich von Logau). Pas plus que Sodome et Gomorrhe, les anges n'ont pu fuir leur juste rétribution (exemple suivant d'immoralité cité par Pierre et par Jude).

Quatrièmement, le délai dans leur châtiment. Bien qu'il y ait d'autres "esprits impurs" dans notre monde, ces anges particuliers en ont été enlevés et sont empêchés de récidiver un jour. Ils ont été emmenés en prison et sont gardés enchaînés dans les plus sombres et profonds cachots. Pour décrire ce lieu, Pierre emprunte un mot à la légende grecque ("tartare"), vraisemblablement parce que sa signification serait connue de ses lecteurs, à cause de leur arrière-plan, et communiquerait l'horreur et la répulsion appropriées. Mais les deux auteurs soulignent que cette incarcération n'est pas leur châtiment définitif. Ils n'y sont que pour attendre leur procès, empêchés pendant ce temps de commettre d'autres dégâts. Le diable est encore en liberté, bien qu'il doive aussi être enfermé de la même manière et dans le même lieu pendant le "millénium" et avant le jugement dernier (Ap 20.1-3, où "l'abîme" est probablement le même que "le tartare"; voir Etude Biblique J).

Pour conclure, il est important de souligner le fait qu'aucun des auteurs n'a introduit ce sujet peu engageant pour encourager la curiosité intellectuelle, mais pour assurer la cohérence morale. C'est la raison très pratique, en fait la seule, pour laquelle ils ont fait référence à cette série d'événements bizarres - et ce devrait être notre principale raison de l'étudier. Tous deux se souciaient de combattre l'incursion désastreuse de l'immoralité sexuelle dans les communautés chrétiennes qu'ils avaient connues et qu'ils servaient.

La prémisse fondamentale de leur appel est le caractère inaltérable de Dieu. Il n'a pas changé dans le temps ni l'éternité. Que ce soient des êtres angéliques ou humains qui désobéissent à ses commandements, avant Noé ou après Christ, parmi les incroyants ou les croyants, Dieu prend toujours le péché au sérieux et le punit en fin de compte, s'il n'a pas été confessé, pardonné et abandonné. Personne n'est exempt, parce qu'il n'a pas de favoris; son jugement est totalement impartial (Rm 2.1-11). Le jugement commence par sa propre maison (1 P 4.17). Il existe une saine crainte de Dieu (1 P 2.17) qui poussera les croyants à affermir leur appel et leur élection, afin de recevoir un chaleureux accueil dans le royaume éternel de notre Seigneur et Sauveur Jésus-Christ (2 P 1.10-11; les versets 3 à 9 nous disent exactement comment le faire). Si nous n'apprenons pas la leçon des anges déchus, nous finirons par les rejoindre.

Etude biblique J: Le jugement dernier

Lecture: Apocalypse 20.1-15

La Bible est un livre d'histoire qui ne ressemble à aucun autre. Elle commence plus tôt et s'achève plus tard, s'étendant de l'origine des temps à leur fin. Comme l'homme ne peut ni observer ni rapporter les événements appartenant au passé ou à l'avenir lointain, les premier et dernier chapitres des Ecritures présentent un défi à l'esprit investigateur. Ils sont soit des spéculations humaines soit des révélations divines.

Il est maintenant à la mode de traiter le début de la Genèse et la fin de l'Apocalypse comme des "mythes", des récits à la signification spirituelle mais sans vrai sens historique, édifiants pour le présent, mais ne portant de lumière ni sur le passé ni sur l'avenir. Il faut les "démythifier" pour la pensée moderne, les dépouiller de leur cadre temporel pour révéler leurs vérités éternelles. Ce sont des fables contenant des vérités, mais pas des faits.

Derrière cette apparente sophistication repose la réticence humaniste à croire ce qui dépasse nos facultés et notre raison. Penser que Dieu en sache plus que l'homme est choquant; qu'il nous montre ce qu'il sait dépasse les bornes de la crédulité. La prophétie est tout aussi "impossible" que le miracle dans notre continuum fermé d'espace-temps, en particulier quand elle "prédit" avec une précision détaillée des événements qui ne se sont pas encore produits.

Ainsi la question de la foi doit être résolue avant d'aborder l'étude des Ecritures inspirées. Croyons-nous que Dieu connaisse l'avenir aussi bien que nous connaissons le passé? Et, ce qui est plus important encore, croyons-nous qu'il le connaît parce qu'il a le contrôle sur l'avenir et a déjà décidé de ce qu'il allait en faire?

Ce n'est pas commettre un suicide intellectuel; foi et raison peuvent voyager de concert, mais il arrive un moment, le long du chemin, où la foi doit marcher en avant et conduire la raison, sinon la route devient un cul-de-sac ne permettant pas d'atteindre une pleine et complète réalité.

Le vingtième chapitre du livre de l'Apocalypse en est un bon exemple. Il se présente comme devant prédire certains des derniers événements de l'histoire de l'homme, en des termes peu familiers il est vrai, il met le lecteur au défi de choisir si ce qu'il présente est historique (s'accomplira un jour à venir) ou existentiel (s'accomplissant de façon continuelle tout le temps).

La prédiction centrale porte sur le jugement de la race humaine tout entière, y compris tous ses membres qui sont morts et tous ceux qui survivront à l'époque. Est-ce une "image" du "jugement" auquel nous sommes soumis à chaque instant de notre vie par nos réactions et nos attitudes? Est-ce un rappel que chacun séparément nous serons "jugés" au moment de la mort, quand cesseront le changement et le développement? Ou est-ce une référence à un événement unique qui doit arriver, où nous serons tous "jugés" en même temps?

L'orthodoxie chrétienne a depuis toujours tenu majoritairement à la troisième interprétation: il s'agit d'un "Jour du Jugement" qui aura lieu à la fin de l'histoire. Le destin éternel des "vivants et des morts" sera décidé en cette grande occasion. Bien que le mot "jour" ne soit pas utilisé ici, il l'est largement dans l'Ancien comme dans le Nouveau Testament quand il est fait référence à cet événement dramatique sans pareil (cf Jl 4.4; Ac 2.20; 2 Th 2.2-4; 2 Tm 1.12; 4.8).

Si on accepte cette prédiction-clé comme un fait et non

une fable, la vérité et non un mythe, il est surprenant de voir les problèmes de certains chrétiens avec les autres prédictions de ce chapitre. Ils traitent l'événement principal comme littéral, mais considèrent les événements précédents et suivants comme "métaphoriques", voir mythiques. Une certaine logique de foi serait sans doute mieux appropriée. Le programme tout entier des événements derniers est présenté en ordre séquentiel et dans un style uni. Il n'y a aucune raison textuelle interne pour prendre un événement comme littéral et un autre comme métaphorique. L'ensemble devrait être considéré de l'une ou de l'autre façon. Toute sélection ne peut être que subjective, révélatrice de présupposés et de préjugés (dans le sens d'un jugement a priori) de celui qui sélectionne.

Le chapitre peut être analysé selon les trois dimensions du temps: ce qui arrive avant, pendant et après le jugement dernier. La majeure partie de la controverse chrétienne est centrée sur la première partie (le soi-disant "millénium"); la seconde rencontre un assez large consensus; mais des doutes croissants s'expriment sur la troisième ("l'étang de feu"), qui est, bien sûr, notre principal sujet. Dans l'intérêt de la globalité, nous regarderons assez en détail chacun des trois aspects.

Avant le jugement

Les expressions: "Puis je vis... Je vis... Puis je vis" (versets 1, 4, 11) indiquent clairement une séquence de visions dont le but est de transmettre une séquence d'événements, comme elles le font dans le chapitre précédent (19.11, 17, 19). Souvenez-vous que les divisions en chapitres n'existaient pas dans le texte d'origine et, comme les deux chapitres tiennent en fait l'un à l'autre dans une narration continue, nous devons jeter un regard au précédent pour entrer dans le courant des événements.

LE CHEMIN VERS L'ENFER

Dans ce chapitre, le "Roi des rois et Seigneur des seigneurs", encore appelé "la Parole de Dieu" (ce qui parle assurément de Jésus-Christ), vient du ciel (sur un cheval de guerre, et non l'âne de la paix) pour régler le sort de tous ses ennemis sur la terre. Il est parlé du retour de Jésus sur la planète terre plus de trois cents fois dans le Nouveau Testament (la croix étant mentionnée à peu près aussi souvent, faisant de ces deux événements les deux "pôles" de la pensée néo-testamentaire). Ensuite Jésus contre une coalition internationale de rois et de leurs armées, les tue tous (avec sa seule parole), et les envoie ainsi au séjour des morts. Les deux méchants chefs mondiaux (le politique, "la bête", et le religieux, "le faux prophète") sont immédiatement envoyés en enfer (même avant le "Jour du Jugement", si bien que "l'étang de feu" doit être tout à fait "préparé" à ce stade-là). Ainsi, tous ceux qui ont comploté contre "l'oint" du Seigneur (Ps 2.2, seul verset des Psaumes à contenir le mot hébreu: *meschiah;* remarquez que le verset 9 est cité en Ap 19.15) ont été renversés et ôtés de la terre - tous sauf un, le diable. Que lui adviendra-t-il?

A ce moment-là, un développement si inattendu se produit qu'il "sonne" vrai (on conçoit difficilement qu'il puisse être le fruit de la raison ou de l'imagination humaine). Le diable, auquel il est donné ici quatre titres déjà cités dans ce livre (dragon, serpent, diable et Satan), est traité d'une manière toute différente de tous les autres dont il s'est servi pour défier et perturber les plans de Dieu sur la terre. Il n'est pas mis à mort avec les rois et leurs armées (il ne peut mourir, car les "anges déchus ne peuvent mourir"; Lc 20.36). Il n'est pas non plus jeté dans "l'étang de feu" avec ses deux acolytes, la bête et le faux prophète. Au lieu de cela, il est mis en détention et gardé dans "l'abîme" (ou, "puits de l'abîme"), l'endroit le plus profond et le plus sombre de l'univers actuel, redouté par tous les démons (Lc 8.31), où certains d'entre

ETUDE BIBLIQUE J – Le jugement dernier

eux ont déjà été incarcérés depuis l'époque du déluge de Noé (2 P 2.4, ici l'endroit est appelé "tartare", voir Etude Biblique I). Bien que ce soit terrible d'être ainsi enchaîné dans une telle prison, cela n'est pas considéré comme le châtiment définitif du diable; il n'est qu'interné. En passant, nous remarquons qu'il est appréhendé par un autre ange, et non le Seigneur (l'indignité suprême?) et que son arrestation a lieu sur la terre (l'ange a dû "descendre du ciel").

Fait encore plus étonnant, cette réclusion est temporaire et non permanente. Elle ne durera que "mille ans" (qu'il s'agisse d'un nombre exact ou approché, c'est une longue période de temps). Alors il recouvrera la liberté (quoique pour un bref laps de temps), retournera à ses vieilles voies de tromperie auprès des êtres humains leur faisant croire qu'ils peuvent et devraient se débarrasser du peuple de Dieu sur la terre. Qui aurait pu inventer un tel déroulement des événements?

Il y a beaucoup plus à dire au sujet de ce "millénium" (mot latin pour dire mille ans, l'équivalent grec étant *chilios*; d'où dérivent les appellations théologiques de Millénarisme et Chiliasme). Sous l'angle négatif, tous les ennemis puissants de Christ, tant humains que démoniaques, auront été ôtés de la terre, incapables désormais d'intervenir dans les affaires humaines. Rien que cela amènerait un changement radical du cours de l'histoire, mais laisserait un vide de puissance. Qui prendrait la responsabilité du gouvernement?

Sous un angle positif, le monde serait dirigé par le roi oint par Dieu, le "Christ" (le mot est utilisé tout seul ici et il est le titre du Messie juif attendu) et les "ministres" auxquels il a donné l'autorité d'administrer la justice. Ceux qui avaient "persévéré" pour lui dans une époque passée "régneront" avec lui (2 Tm 1.12); les "saints jugeront le monde" (1 Co 6.2). Le peuple de Dieu, étouffé par les gouvernements du monde pendant si longtemps, sera alors le gouvernement du monde! Tout seul, Christ aura accompli la plus grande de toutes les révolutions, permettant aux humbles d'hériter la terre, comme lui et sa mère l'avaient prophétisé (Mt 5.5; Le 1.52).

Parmi les nouveaux dirigeants de la terre, Jean "le voyant" remarque particulièrement un groupe ("Et je vis..." à la fin du verset 4 signale une nouvelle vision et la distingue de celle du début du verset). Ceux qui étaient morts martyrs au cours de la dernière et terrible dictature et qui avaient refusé de compromettre leur foi, même pour se procurer les choses nécessaires de la vie (Ap 13.16-17), ont maintenant pris la place de leurs persécuteurs. Quelle récompense pour leur fidélité si coûteuse!

Il est évident, à cause de ce dernier groupe, qu'une résurrection doit avoir eu lieu avant ce "millénium", et non dans d'anciens corps, mais dans de nouveaux (capables de vivre mille ans et plus). Ce fait est maintenant spécifiquement énoncé: il doit y avoir, en réalité, deux résurrections, la "première" de ceux qui sont qualifiés pour régner avec Christ et ensuite, bien plus tard, "les autres morts". Ceux qui ressuscitent dans la "première" sont saints et bénis, bénis parce qu'ils ont été saints. Ils sauront aussi alors avec assurance qu'il n'y a aucune possibilité pour qu'ils puissent être condamnés à la "seconde mort" le Jour du Jugement; le seul fait de leur résurrection précoce et de leur règne avec Christ a réglé la question de leur destin éternel au-delà de tout doute possible (était-ce ce que Paul voulait dire quand il parlait de "parvenir à la résurrection *d'entre* les morts" par la connaissance de la puissance de la résurrection de Christ et la communion à ses souffrances? Ph 3.10-11). Ceux qui sont ainsi "bénis" deviendront sacrificateurs aussi bien que rois, médiateurs et monarques, sur la terre (Ap 5.10).

On ne peut qu'imaginer la paix et la prospérité qui résulteront d'un tel gouvernement mondial. Christ et son peuple parfait aux commandes, reconnus par la population tout entière, les royaumes de ce monde seront devenus celui de notre Seigneur et de son Christ (Ap 11.15). La justice coulera dans la société comme un fleuve. Cet espoir persistant de la race humaine, "l'Age d'Or", sera arrivé. Véritablement, le paradis sera reconquis. Une existence aussi idyllique serait assurément le ciel sur la terre et pourrait continuer pour toujours.

Mais les apparences peuvent être trompeuses. Un gouvernement et un environnement idéaux peuvent satisfaire le désir humain de paix et de prospérité, mais non changer la nature humaine. Les gens peuvent être heureux d'une si bienveillante dictature quand elle apporte des bienfaits si évidents, jusqu'à ce que la chance d'être libres de cette autorité leur soit offerte. Incroyablement, quand à la fin du millénium, le diable sera à nouveau libre d'influencer les affaires humaines, il sera encore capable de planter la haine pour le peuple et les endroits associés avec Dieu. Il rassemble les forces des quatre coins de la terre pour faire une dernière enchère en faveur de l'indépendance à l'égard du Créateur de l'univers. Cette fois-là, Dieu lui-même, et non Christ, détruira sa grande armée humaine (et par le feu plus que par des paroles). Le diable indestructible recevra enfin ce qu'il mérite et sera jeté dans "l'étang de feu", où il rejoindra ses deux acolytes (pour ce qui lui arrivera alors, nous verrons plus loin).

Telle est la série extraordinaire d'événements *avant* le Jour du Jugement, si nous prenons ce passage pour ce qu'il est. Il n'est pas facile d'imaginer que de telles choses se passent et il est très difficile d'en comprendre la raison. Rien ne nous en est dit, et toute tentative d'explication court le risque de la spéculation. Pourtant deux résultats du "millénium" peuvent en indiquer les raisons.

D'une part, le règne de Christ et ses bienfaits seront

visiblement et tangiblement mis en évidence dans la sphère même où ils ont été rejetés. Ce serait tout à fait en harmonie avec le Dieu qui venge le juste. Ce monde n'a que trop visiblement constaté les résultats du règne de Satan; sûrement il devrait voir à quoi cela ressemble entre les mains du Fils de Dieu. Après tout, notre monde a toujours été conçu pour être un cadeau du Père à son Fils et c'est le dessein de Dieu que de "réunir sous un seul chef, le Christ, tout ce qui est dans les cieux *et ce qui est sur la terre"* (Ep 1.10). Il est tout à fait convenable que le Père désire manifester cela sur la vieille terre, avant qu'elle ne disparaisse et laisse place à la nouvelle.

D'autre part, le "millénium" mettra aussi clairement en évidence qu'un changement de gouvernement n'est pas la solution finale aux problèmes du monde. Un souverain parfait a besoin de sujets parfaits pour que ce soit un royaume parfait. Un acquiescement extérieur n'est pas la même chose qu'une repentance intérieure. La tragédie finale dans le "millénium" révèle que la nature humaine, même sous des conditions idéales, est encore vulnérable aux offres d'autonomie, comme c'était le cas dans le jardin d'Eden.

Cette double mise en évidence, de la puissance de Christ pour le bien et de celle de Satan pour le mal, est un prélude approprié pour le Jour du Jugement. Le problème est clarifié, les solutions clairement exposées. Comme il n'y a que deux dirigeants dans ce monde, il n'y aura que deux destins dans celui à venir. En fin de compte nous passerons l'éternité avec Christ ou avec Satan. C'est tout en noir et blanc, il n'y a pas de teintes de gris.

Cependant, avant de regarder à ce jour où la séparation sera faite, nous devons nous arrêter pour considérer le fait que les chrétiens sont souvent profondément divisés sur le "millénium" qui le précède, beaucoup trouvant que le scénario que nous venons de décrire est inacceptable.

Ils font remarquer que c'est le seul passage du Nouveau Testament qui le mentionne clairement, et même alors c'est dans un livre dit "obscur", plein d'imagerie apocalyptique et de symboles étranges. Il est donc estimé inapproprié de prendre le livre dans son ensemble, ou même des parties, comme des descriptions littérales d'événements futurs. Il ne doit donc pas être utilisé comme une source de données pour une doctrine eschatologique.

En réponse, nous pourrions relever que ce chapitre, tout en contenant quelques détails déroutants ("Gog et Magog", par exemple, le nom donné à cette dernière armée de coalition pour attaquer Jérusalem; il pourrait être simplement trop tôt pour que nous puissions les identifier), est néanmoins, pour la plus grande partie, exprimé de façon claire dans un langage direct. Il n'est pas difficile à comprendre, même si certains le trouvent difficile à accepter. En outre, même si c'est la *seule* référence à un millénium, elle est au moins *claire.* N'est-ce pas suffisant? Combien de fois Dieu doit-il dire une chose pour que nous la croyions? Il n'est guère surprenant que ce ne soit mentionné qu'ici, puisque l'Apocalypse est le seul livre du Nouveau Testament traitant de la fin des temps de façon quelque peu détaillée (comme la Genèse est le seul livre de l'Ancien Testament à traiter de l'origine des temps). L'Apocalypse est aussi notre seule source d'information détaillée sur le nouveau ciel, la nouvelle terre et la nouvelle Jérusalem. Pourquoi ceux qui sont sceptiques à l'égard du millénium acceptent-ils en général sans question les chapitres 21 et 22? Probablement parce qu'il est plus facile de croire des choses étonnantes dans un autre monde que dans celui-ci!

La réponse la plus positive à un tel scepticisme est de demander comment l'auteur inspiré et ses lecteurs auraient compris cette révélation. Nous commençons en soulignant qu'il était, ainsi qu'une grande partie de ses lecteurs, Juif.

Le livre tout entier est très juif, imprégné de la pensée "apocalyptique" hébraïque (cette branche de la prophétie qui "dévoilait" l'avenir dans un style pittoresque) et truffé de références directes et indirectes aux Ecrits juifs. On a dit qu'une connaissance de l'Ancien Testament est absolument essentielle pour la compréhension de l'Apocalypse (ce qui explique peut-être que tant de chrétiens le trouvent troublant!).

Mais l'arrière-plan juif dépasse le cadre des seuls Ecrits canoniques, dont le dernier (Malachie) a été écrit cinq cents ans avant l'Apocalypse. La façon juive de concevoir l'avenir a beaucoup progressé pendant les siècles "inter-testamentaires", peut-être en raison de l'exil babylonien et du défi provoqué par le contact avec d'autres religions (le Zoroastrisme, en particulier) qui avaient un programme très développé de la "fin des temps", incluant une croyance en la résurrection, le jugement, le ciel et l'enfer. Le peuple juif doit avoir été mis au défi de réviser sa propre "eschatologie" (c-à-d. sa théologie de l'avenir, d'après le mot grec *eschaton*, qui signifie "la fin").

Parmi les Juifs, les Pharisiens avaient le "schéma" le plus clair, tandis que les Sadducéens étaient plus sceptiques. Mais l'eschatologie juive en général avait avancé bien au-delà des allusions de leurs Ecritures et on peut la trouver dans les "apocryphes" (le mot signifie "caché" et se réfère aux livres qui ne sont pas entrés dans le "canon" ou "règle" des Ecritures) et les "pseudépigraphes" (écrits anonymes sous le couvert du nom d'un personnage bien connu de l'Ancien Testament, comme Moïse) écrits entre les deux Testaments. Les livres de Baruch et d'Esdras, en particulier, révèlent leurs attentes concernant les "derniers jours".

De ces livres, émerge une image étonnamment similaire à celle décrite dans l'Apocalypse. Quelques Juifs au moins, sinon beaucoup, croyaient déjà qu'avant l'avènement d'un nouveau ciel et d'une nouvelle terre (promis en Es 65.17), il y aurait un "âge" messianique, où "l'oint" du Seigneur (*meschiah* en hébreu et *christos* en grec) régnerait sur les nations. Les estimations sur la durée de ce règne messianique sur la terre varient, mais une source au moins mentionne mille ans. Ils avaient même calculé que cela impliquerait *deux* résurrections, la première au début de cet "âge" et appelée "résurrection des justes" (Jésus lui-même utilise l'expression en s'adressant aux Pharisiens; Lc 14.14).

Il n'y a guère de différence fondamentale entre cette espérance et le "millénium" de l'Apocalypse. Même si sa description détaillée se trouve en dehors des paroles inspirées de l'Ancien Testament, elle est endossée dans les paroles inspirées du Nouveau Testament. Jean ne transmettait pas un concept entièrement nouveau; les lecteurs juifs le reconnaîtraient aisément. Mais il expliquait la compréhension qu'ils en avaient: en identifiant, en particulier, Jésus comme le souverain à venir et en incluant le bannissement de Satan, qui ne faisaient ni l'un ni l'autre partie de l'attente juive.

Nous ne serons donc pas surpris de découvrir que la fraction juive de l'Eglise primitive comprenait le "millénium" tout à fait littéralement, puisque cette espérance faisait déjà partie de leur héritage. Et c'était vraiment le cas. Ce qui est également clair, c'est que la fraction non-juive a adopté la même compréhension. La plupart des références à ce sujet par les auteurs chrétiens des tout premiers siècles (connus collectivement comme "les Pères") étaient "millénaristes" (les lecteurs intéressés pourront commencer avec Justin Martyr ou Irénée, dans le deuxième siècle). Ils croyaient en un "règne physique de Christ sur cette terre" (pour citer Papias, évêque de Hiérapolis en Asie), et l'associaient souvent à la restauration du royaume d'Israël (tel Justin Martyr, bien que tous ne soient pas d'accord avec lui).

Ce consensus primitif est maintenant appelé la position

pré-millénariste (parce qu'elle prétend que Christ reviendra *avant* d'établir son royaume sur la terre). Cette espérance commença à faiblir vers les troisième et quatrième siècles, peut-être parce qu'il devenait clair que le retour du Seigneur n'allait pas être aussi rapide qu'attendu. Vers le cinquième siècle, Augustin, évêque d'Hippone en Afrique du nord, enseignait un programme révisé (renversé?), dans lequel Jésus reviendrait *après* que son royaume ait été établi sur la terre (aussi cette position est-elle dite *post-millénariste*). Il ne fait aucun doute que ce scénario plus optimiste a été engendré par le changement de fortune de l'Eglise. La persécution romaine avait pris fin; l'empereur lui-même (Constantin) s'était converti et la foi chrétienne était devenue la religion "établie" officielle. Au déclin puis à la chute de l'empire, l'Eglise apparut pour prendre sa place comme puissance mondiale (l'évêque de Rome adopta le titre des anciens empereurs, "Pontifex Maximus", ainsi que d'autres cérémonials). L'Eglise prenait la forme d'un royaume, qui serait plus tard appelé "chrétienté". La nouvelle Jérusalem était en cours de construction sur la terre, par l'Eglise (le livre le plus influent d'Augustin avait pour titre: *La Cité de Dieu*). La vision d'une Eglise-Etat internationale, qui durerait mille ans jusqu'au retour du Roi, s'empara de l'imagination ecclésiastique. Thomas d'Aquin releva le flambeau et cela demeure l'enseignement officiel de l'Eglise catholique romaine (l'une des raisons pour lesquelles le Vatican est un Etat politique), bien qu'il y ait naturellement quelques débats sur le moment où ce règne millénaire a commencé ou commencera.

Les Réformateurs protestants n'ont pas mis en avant l'eschatologie, si bien que leur point de vue n'est pas clair. Ils semblent avoir adopté et adapté le point de vue post-millénariste de leur époque, le transférant aux Eglises-Etats protestantes et assimilant le Pape et son Eglise-Etat à Babylone, la prostituée assise sur une bête écarlate, tout l'opposé de la cité de Dieu.

Comment les post-millénaristes traitent-ils Apocalypse 20? Ils le voient comme une période littérale de temps sur terre, bien qu'ils ne semblent pas très au clair pour savoir s'il a déjà commencé. L'accent est mis sur le corps de l'Eglise, plutôt que sur sa Tête, comme étant l'agent qui lie le diable et établit le royaume. La "première" résurrection est vue en général comme celle de Christ lui-même. L'absence totale de la bête, du faux prophète et même du diable est habituellement évitée ou alors on explique qu'il s'agit de l'Eglise, plutôt que du monde. Pour des raisons évidentes, cette façon de voir ne met aucunement l'accent sur l'imminence du retour de Christ.

Pour revenir à notre bref survol historique, au moment où "le Siècle des Lumières" (ou "Renaissance") a répandu son influence humaniste et séculière sur l'Europe, il est devenu de plus en plus difficile aux chrétiens de croire que le millénium avait déjà commencé (ou même qu'il viendrait avant le retour de Christ). La réalité était que l'Eglise, catholique ou protestante, n'exerçait plus une influence dominante dans le monde occidental, pour ne pas parler des pays "païens" ailleurs. Prétendre que le diable ne trompait plus personne était contredit par les faits.

Au lieu de revenir à la position prémillénariste "classique" de l'Eglise primitive, qui avait été depuis longtemps abandonnée par la plupart, un troisième point de vue apparut, qui fit disparaître efficacement le millénium non seulement de la fin des temps, mais aussi de l'histoire terrestre (cette façon de voir est donc connue sous l'appellation *A-millénarisme*, le préfixe signifiant pratiquement "non-"). Le "règne" de Christ, explique-t-on, a déjà commencé *au ciel* et couvre toute la période entre son ascension et son retour (et a donc déjà duré deux millénaires, ce qui fait du "mille" des Ecritures, un nombre symbolique). Satan a été lié lors de la première visite de Christ sur terre. La "première" résurrection se produit chaque fois qu'une personne naît de nouveau et "est ramenée de la mort à la vie". Seule la "seconde" résurrection est corporelle, elle se produira quand Christ reviendra prendre son peuple pour l'emmener au ciel, le royaume éternel. L'absence de la bête, du faux prophète et du diable a trait au ciel et non à la terre. Dépourvue de gouvernement messianique sur la terre, la seconde visite de Christ sera extrêmement brève (en fait, on ne peut s'empêcher de se demander pourquoi il devrait revenir; pourquoi ne pas donner aux croyants leur nouveau corps dans le ciel?).

Les a-millénaristes semblent considérer le débat pré-/post- comme une distraction sans intérêt ("une plaie sur chacune de vos deux maisons"), et ont tendance à mépriser les deux ou, tout au moins, à voir la leur comme la plus éclairée.

Les cent cinquante dernières années ont vu un regain de l'attente dans le retour du Seigneur (en grande partie à cause de l'accélération et de l'accroissement du nombre de cataclysmes sur une échelle globale) et, avec elle, un réveil du Pré-millénarisme, mais dans un nouveau cadre appelé Dispensationalisme, qui associe le point de vue "classique" de l'Eglise primitive et quelques traits originaux, voire excentriques. Dérivant de l'enseignement de J. N. Darby (fondateur des Frères de Plymouth), disséminé par les Notes de la Bible Scofield et maintenant popularisé par les livres de Hal Lindsay, ce plan divise l'histoire en deux périodes distinctes (appelées "dispensations"), possédant chacune un fondement caractéristique propre pour les relations entre Dieu et l'homme. Le "millénium" est vu comme la dernière dispensation de l'histoire et compris comme le "royaume" que Jésus a tenté, sans succès, d'apporter à Israël lors de sa première visite. Le règne inauguré par sa seconde visite sera celui du "Roi des Juifs", tous les chrétiens ayant été "enlevés" au ciel quelques années avant le fin de la précédente dispensation (et avant la "Grande Tribulation" pendant laquelle l'antichrist régnera sur la terre; d'où le terme d' "enlèvement pré-tribulationniste"). Au cœur du "dispensationalisme" on trouve la division radicale qu'il établit entre les destinées des chrétiens et des juifs, le "royaume" appartenant à ces derniers sur la terre, tandis que les premiers seront au ciel. Même ce résumé extrêmement bref devrait suffire à montrer combien ce point diffère de la pensée de l'Eglise primitive.

Quel dommage que la majeure partie des chrétiens d'aujourd'hui n'aient entendu les argumentations prémilllénaristes que sous cette forme grossièrement distordue et aient jeté le bébé "classique" avec l'eau du bain "dispensationaliste"! Ceux qui ont été élevés dans un enseignement dispensationaliste sont souvent passés d'un "royaume" qui est entièrement futur et juif à un royaume qui est entièrement actuel et ne laisse pas de place à Israël. C'est apparemment ce qui est arrivé aux théologies de la "Restauration" et de "Domination", qui semblent aller toutes deux vers un optimisme post-millénariste, accompagné du déclin de l'emphase sur la Seconde Venue comme centre de l'espérance chrétienne. Heureusement, quelques exégètes éminents redécouvrent et transmettent le point de vue prémillénariste "classique", libre de ses distorsions dispensationalistes; ils méritent qu'on les écoute (les écrits de George Eldon Ladd, Merrill Tenney et J. Barton Payne sont particulièrement utiles).

Beaucoup se sont lassés de la discussion, en partie parce que sa polarisation extrême en a fait une question de communion, mettant en danger l'unité des véritables croyants, et en partie aussi parce que sa pertinence n'est pas évidente à première vue. Une nouvelle appellation a été forgée, *Pan-millénarisme*, pour couvrir ceux qui croient simplement que "tout se passera bien à la fin"! Conçue à l'origine comme une plaisanterie, l'appellation n'est pas exempte de quelque vérité et convient tout à fait à ceux qui ne se soucient tout simplement pas d'entrer dans une étude sérieuse du sujet. En d'autres termes, ils le passent sous silence, convaincus qu'en attendant il y a beaucoup de choses meilleures à faire. Mais le silence ne le fait pas disparaître de la Parole de Dieu; et si *toute* Ecriture est inspirée et utile (2 Tm 3.16), ce n'est pas pour rien. Il est donc valable de se demander pourquoi ce sujet y est et ce qu'il signifie. Le passer totalement sous silence revient à l'effacer et frise de façon dangereuse le risque de mériter la malédiction qui attend celui qui "retranche des paroles du livre de cette prophétie" (Ap 22.19).

Ces choses étant dites, le point de vue que l'on a du "millénium" n'affecte guère ce qu'on pense de l'enfer, qui est notre sujet principal. En fait, sa seule incidence sur le sujet est la date d'entrée des premiers habitants en enfer. Trois sont jetés dans "l'étang de feu" *avant* le Jour du Jugement, deux d'entre eux (la "bête" et le "faux prophète") avant le "millénium". Ceux qui situent le millénium dans l'ère actuelle de l'histoire de l'Eglise (comme c'est le cas des post-millénaristes et des a-millénaristes) doivent expliquer ce fait inhabituel; ainsi que le problème majeur présenté par l'énoncé clair que, pour la plus grande partie de cette période, Satan, tout en n'étant pas encore en enfer, est totalement isolé de la terre. Incidemment, il n'est fait aucune mention du moment exact où les anges du diable le rejoindront en enfer, bien qu'il semble que ce soit avant que tout être humain y soit envoyé (Mt 25.41).

ETUDE BIBLIQUE J – Le jugement dernier

Pendant le jugement

Il n'y a guère de choses à dire ici, puisque les chrétiens, dans leur majorité, s'accordent à le considérer comme un événement réel ayant lieu à la fin des temps.

L'environnement terrestre disparaît rapidement, ne laissant que ses habitants face à leur Créateur (point de vue tout à fait opposé à celui des écologistes pessimistes, qui croient que les habitants disparaîtront en premier, ne laissant qu'un environnement pollué).

Tous les morts ressusciteront, quoi qu'il arrive à leurs corps terrestres (qu'ils aient été convenablement enterrés ou noyés dans la mer; la complète désintégration des restes physiques n'empêche en rien la résurrection, fait utile à retenir dans les questions que se posent certains au sujet de la crémation). Le rang social n'a rien à voir, "petits et grands" se tiendront côte à côte.

Le trône du jugement est blanc (couleur de le pureté) et le Juge est à la fois divin et humain (le "il" non identifié pourrait être compris comme Dieu, mais l'Ecriture indique clairement qu'il a délégué cette responsabilité à son Fils; Mt 25.31-46; Jn 5.27; Ac 17.31; Rm 2.16; 2 Co 5.10; Ap 5.6).

Que les "livres" soient réels ou symboliques, leur message est clair. Un rapport a été conservé de tout ce qui a été fait (et dit) par chacun de ceux qui ont vécu. Il n'y aura pas de sélection aimable pour la présentation publique de ce qu'est notre vie, pas d'omission des choses gardées cachées. Tout sera révélé. Aucune excuse, aucune demande en appel ne sera entendue à la lumière de preuves aussi accablantes.

Si ces livres étaient les seuls à être ouverts, qui pourrait être acquitté? La race humaine tout entière doit certainement être condamnée (Rm 3.9-18). Mais un autre livre sera ouvert. Il appartient au Juge en personne; son nom y est inscrit et ses propres actes y sont rapportés. Sa vie est la seule qui ait été vécue sur terre sans un seul délit pénal (ce qui le qualifie pour être Juge de tous les autres êtres humains; Jn 8.7). Tous les autres livres énoncent la mort de leurs sujets; seul le sien est livre de vie, car lui seul mérite la vie.

Pourtant il y a beaucoup d'autres noms dans ce livre, écrits après le sien. Ce sont les noms de ceux qui ont placé leur foi en lui et ont tenu leurs promesses envers lui (en lui restant fidèles). A cause de son nom, ils ont "vaincu" le monde, la chair et le diable, aussi leurs noms sont-ils restés dans le livre et n'ont pas été effacés (Ap 3.5). Ils ne l'ont pas renié, aussi ne les reniera-t-il pas (Mt 10.33; 2 Tm 2.12).

L'impression est donnée d'un simple acte de jugement, complètement différent des scènes de tribunal terrestre, où l'on pèse sans fin les témoignages et les preuves. La justice sera rendue et on en sera témoin. Il suffira d'ouvrir les livres. Les coupables seront condamnés par leur propre autobiographie. Les acquittés seront couverts par la biographie du Juge. C'est une scène redoutable d'une signification éternelle.

Les conséquences sont simples également. La race humaine est séparée en deux groupes: la vieille humanité en Adam et la nouvelle en Christ, "Homo sapiens" et "Homo novus". Seules deux destinées nous attendent, seules deux places sont en cours de préparation pour l'existence future des corps ressuscités.

Après le jugement

On a déjà discuté en détail des deux destinées (aux chapitres 3 et 6). Le nouveau ciel et la nouvelle terre sont décrits dans les deux derniers chapitres de l'Apocalypse. Ici, au chapitre 20, nous trouvons quelques-unes des déclarations les plus claires de l'Ecriture sur l'enfer. Trois aspects sont importants.

Premièrement, "la mort" et "le séjour des morts" sont

eux-mêmes jetés dans "l'étang de feu". L'événement qui occasionne la désincarnation de nos esprits et le lieu qui retient ces esprits désincarnés sont tous deux abolis; l'un ne se produira plus jamais, si bien que le deuxième ne sera plus jamais nécessaire. Par conséquent, tous les esprits humains connaîtront une expérience corporelle qui sera leur état permanent. Nombre de personnes n'ont pas remarqué que Jésus a parlé de l'enfer (ou Géhenne) comme d'un lieu pour des personnes avec des corps (Mt 5.29-30; 10.28). Comme "la mort" et "le séjour des morts" sont des choses et non des personnes et qu'ils n'ont aucune conscience d'eux-mêmes, on suppose qu'être jeté dans le feu signifie leur totale disparition. Mais le feu a-t-il le même effet sur les personnes?

Deuxièmement, "l'étang de feu" est appelé "la seconde mort". A première vue, cette expression pourrait être conçue comme impliquant l'extinction des personnes. Comme la "première" mort avait amené (plus ou moins) la fin de l'existence du corps, la "seconde" amènerait-elle la fin de l'existence du corps et de l'âme? Mais l'histoire de la première mort ne s'arrête pas là. Elle a peut-être amené la dissolution du corps, mais elle n'a certainement pas mis fin à l'existence de la personne consciente d'elle-même qui l'a habité. Pourquoi donc la "seconde mort" le ferait-elle? En outre, la première mort était un événement judiciaire plus que naturel, un châtiment pour le péché (Gn 2.17). Il en est de même de la "seconde", et l'essence des deux est la *séparation*. La première mort nous sépare des autres êtres humains, la seconde de l'Etre Divin. Le cœur de l'enfer est que Dieu n'y est pas.

Troisièmement, l'enfer est décrit comme étant "tourmentés jour et nuit, aux siècles des siècles". C'est ici l'exemple le moins équivoque de cette terrible vérité que contient le Nouveau Testament. Les "annihilationnistes" l'ont simplement écarté comme "difficile" (pour la seule raison qu'il ne cadre pas avec leur opinion) ou "symbolique" (sans un mot sur ce que signifie le symbole d'après eux). Peut-il y avoir déclaration plus claire? "Tourmentés" ne peut signifier qu'une souffrance consciente; "jour et nuit" ne peut vouloir dire que sans répit; et "aux siècles des siècles" (la plus forte expression grecque pour transmettre l'idée de l'éternité) ne peut avoir d'autre signification que celle d'un caractère interminable inconcevable.

On a cependant avancé que cette déclaration s'applique au diable et non aux êtres humains. Mais elle inclut aussi ses deux acolytes qui, est-il dit, ont déjà connu ce "tourment" pendant les mille années du millénium. Pourtant, certains refusent d'accepter que ceux-ci soient des humains, ou même des personnes, prétendant qu'ils sont des "personnifications" de structures et d'institutions sociales impersonnelles qui "oppriment" la société humaine. Il n'est pas donné d'explication à ce que voudrait dire pour celles-ci le fait d'être "tourmentées"; pas plus qu'au fait que, dans la Bible, il y a bien d'autres "antichrists" et "faux prophètes" (1 Jn 2.18; Mt 24.11). Chacun d'eux étant de façon claire un être humain doué des qualités d'une personne. Quoi qu'il en soit, il est dit plus tôt dans ce livre, à propos de ceux qui acceptent la "marque" de la "bête" de manière à pouvoir acheter et vendre (et ceux-là sont assurément des êtres humains): "La fumée de leur tourment monte aux siècles des siècles, et ils n'ont de repos ni jour ni nuit" (Ap 14.11). Le langage est identique pour les êtres humains et démoniaques sans distinction: un tourment conscient sans répit temporaire ni libération permanente.

Ce qui le confirme est l'enseignement même de Jésus dans la "parabole" des brebis et des boucs (Mt 25.31-46; voir Etude Biblique A). Les boucs, situés à la gauche du Roi (personne n'a jamais douté qu'il s'agisse d'êtres humains) ne sont pas seulement envoyés dans le même *lieu* que le diable et ses anges, mais aussi au même *châtiment,* qui est "éternel". Il n'y a pas la moindre allusion à la possibilité que le feu qui "tourmente" les anges déchus, pour qui il a été préparé à l'origine, se révélera une "délivrance" pour ceux qui les y rejoindront. Et ce sera le cas de tous ceux dont les noms n'auront pas été trouvés inscrits dans le livre de vie (Ap 20.15). C'est sur cette note grave que nous achevons notre étude.

www.davidpawson.com

www.davidpawson.org

www.ingramcontent.com/pod-product-compliance
Lightning Source LLC
Chambersburg PA
CBHW071231080526
44587CB00013BA/1573